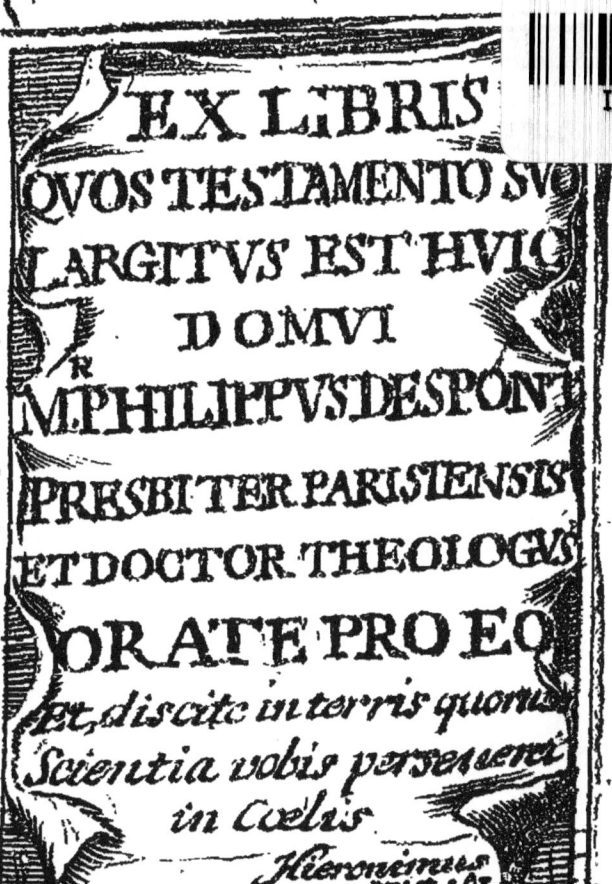

CLEARQVE ET TIMOLAS.

DEVX HISTOIRES Considerables.

Par M. DE BELLEY.

A ROVEN,
DE L'IMPRIMERIE
DE DAVID DV PETIT VAL,
Imprimeur ordinaire du Roy.

M. DC. XXIX.
Auec Priuilege de sa Maiesté.

L'IMPRIMEVR AV LECTEVR.

Vecque la mesme industrie dont ie m'estois serui pour tirer vne copie des deux Histoires d'HONORAT & AVRELIO, vn Exemplaire de ces deux autres que ie te presente m'est venu entre les mains. Ta bonne grace à receuoir les premieres m'a conuié à te donner ces deux autres, où ie m'asseure que tu trouueras que l'Autheur, tousiours semblable à luy-mesme, ne te presente sous l'escorce

de ces veritables Narrez que des enseignemens salutaires, & qui peuuent beaucoup aider à la conduite de ta vie. Que si tu opposes, selon son desir, cette sorte d'escris, à ces Romans vains & fabuleux remplis d'impossibilitez & d'extrauagances, qui tesmoignent non seulement l'oysiueté mais le defaut du iugement, & mesme du sens commun de leurs Autheurs, tu cognoistras clairement combien la verité tousiours accompagnée de possibilité & de solidité a d'auantage sur des imaginations creuses & friuoles. Que si tu conferes ce genre d'escrire Historique auecque ces liures qui mon-

firent la Vertu & font connoistre le vice par preceptes, tu reconnoistras que nostre Escriuain a trouué le vray secret pour faire auecque plaisir aimer l'vne & haïr l'autre, par la douce force de l'exemple. Ceux-là, par des discours d'ennuyeuse & penible lecture, donnent aux confitures l'amertume des medecines ; & cestuy-ci par le sucre d'vne delicieuse narration baille à l'aspreté des medecines la douceur des confitures. Il trompe de cette ingenieuse & vtile façon l'appetit languissant des esprits malades, & fait entrer chez eux la santé par la porte de la friandise. Ly, Lecteur, &

tu connoistras par experience que i'ay touché au but où visent ces Relations.

CLEARQVE
OV
LA CRVAVTÉ
MONSTRVEVSE.

Histoire I.

BANNISSONS de la douceur de nostre air, & releguons parmi des nations plus rudes, la monstrueuse cruauté de cette occurrence. Renuoyons aux climats où l'humanité n'est qu'au visage la barbare vengeance d'vn pere defnaturé & d'vne fille forcenée. Et voyons en verité ce que les Theatres & les Poëtes ne reprefentent que par feinte, fous les noms des Thieftes & des Medées. Que fi le Soleil cacha fon vifage pour ne voir ces horreurs, i'aurois à craindre que mon Lecteur ne fermaft les yeux fur ces pages, fi ie n'efperois que la curiofité les luy fera ouurir, & mefme fur vn papier qui ne rougira point encore qu'il ne foit peint que de fang & de meurtres. En cette partie de la Liuonie où habitent les Samogites, la ville de

Derpt, arrousée de la riuiere Beca, est fort renommée, tant pour la beauté de ses edifices, que pour la force de ses murailles, que pour la multitude de ses habitans, que pour le traffic qu'elle fait en la Russie & en la Moscouie. Non loing de cette Cité demeuroit vn grand Seigneur qui tenoit en sa maison vn train de Prince, Gotzbert, nous le nommerons ainsi, commandoit à cette contrée frontiere de l'Empire de Mosco sous la puissance du Roy des Sarmates, quelquefois il alloit à la Cour, mais il falloit que ce fust par vn mandement ou plustost par vn exprés commandemét de son Maistre: car autrement il s'affectionnoit beaucoup plus au lieu où il commádoit que là où il estoit commandé, bien different de l'humeur des Grands qui aiment mieux mener vne vie d'esclaues à la Cour que d'estre comme de petits Roys honorez & redoutez dans leurs terres où dans leurs Gouuernemens. Estant demeuré veuf, sans autres enfans qu'vn fils appellé Kilian, & vne fille nommée Arpalice, il n'auoit autre pensée que d'éleuer la fortune de ces deux creatures au plus haut point où il la pourroit

pousser. Et bien qu'il aimast
ses plaisirs & son aise, si est-ce
que sçachât que la Cour estoit
la source de tous les honneurs
& de toutes les dignitez que
les Grands peuuent esperer, il
y mena son fils, & le laissa auprés du Roy, afin qu'en estant
connu & luy rendant des assi-
duitez & des seruices il peust
arriuer à quelque haute qualité. Quant à Arpalice il la faisoit éleuer en sa maison, la de-
stinât à quelque gendre dont
il peust receuoir de l'appuy, &
tirer de la gloire de son alliance. Mais il aduint à cet esprit
ambitieux tout au rebours de
ce qu'il prétendoit : car au lieu

de la reputation qui luy estoit si chere, & de la vanité où il aspiroit, il ne moissonna que des deshonneurs, des ignominies & des ruines. La sainte parole a dit, auecque beaucoup de raison, que ceux qui sement du vent ne recueillent que des orages. Et cestuy-ci enflé d'orgueil n'aura que des rages pour sa part. Cette fille sera la cauerne d'où sortiront les tourbillons qui agiteront son vaisseau, & qui à la fin luy ferõt faire vn triste naufrage. Certes quãd les filles perdent leurs meres elles perdent vn grand bouclier de leur honnesteté : car, pour fidelles &

sages que soient les Gouuernantes qu'on leur donne, elles n'ont iamais ny l'auctorité ny la vigilance telles qu'il faut pour les tenir en deuoir. Gotzbert donna à Arpalice pour la gouuerner vne ancienne Damoiselle de Derpt, qui auoit tousiours vescu en grande reputation de vertu, & dont la conduite fut iugée fort propre pour éleuer vne ieunesse; elle auoit deux filles & deux fils qu'elle mena auec elle au seruice de Gotzbert, il prit les deux masles à sa suitte, & estât à la Cour il laissa le cadet auprés de son fils, retenant l'autre auprés de soy ; les deux filles & la mere furent données pour domestiques à Arpalice, Gerberge (ainsi s'appelloit cette vefue) pour Gouuernante, & les filles pour Damoiselles. Il arriua que par l'ordinaire & libre conuersation de Clearque (: nommans ainsi l'aisné des enfans de Gerberge) chez Arpalice, il acquit non seulement de la creance mais de la primauté auprés de cette fille, telle que la Gouuernante ne l'eust iamais endurée d'vn autre homme que de son fils. Mais l'Amour naturelle l'aueugloit en sorte que tant s'en faut qu'elle les reprit de cette trop grande familiarité, qu'elle estoit extremement aise de voir Clearque fauorisé d'Arpalice. Le ieune estourdi, sans considerer l'extreme inégalité qui estoit entre luy & la fille de son Maistre, rendu hardy par cette maxime que l'Amour égale les Amans, ne se contente pas d'auoir par le moyen de sa mere & de ses sœurs tel accez qu'il luy plaisoit dans le deportemét d'Arpalice : mais comme s'il eust fait dessein d'honorer sa ruine par la grandeur de son audace, & de vouloir se precipiter du haut des Cieux comme vn autre Phaëton, se iette en des desirs qu'il ne pouuoit seulement regarder sans vne temerité incomparable. La simplicité & l'inclination d'Arpalice firent espaule à ses intentions, il estoit beau, de taille riche, de bonne mine, grand causeur, dispost, courageux, entreprenant, braue, autant de rayons pour esblouyr les yeux de cette inconsiderée. Au commencement Gerberge ne s'imaginant pas qu'il deust arriuer à ce point de présomption, de viser au plus haut degré des prétensions qu'vn homme puisse auoir pour vne honneste fille, crût que se tenant dans les bornes de la connoissance de soy-mesme il se contenteroit d'estre bien-voulu d'Arpalice, afin qu'elle aidast auprés de Gotzbert à son auancement: Mais le Galand ne se contentant pas d'vne fortune mediocre vouloit estre ou Cesar ou rien, & ne proposa rien moins à son ambition que la possession d'Arpalice. Ayant donc dressé tous ses traits à ce but, & tous ses attraits à cette fin, il luy fut aisé de faire tomber dans le piege celle qui aidoit à se trahyr elle-mesme, & qui se rendant susceptible du mesme tourment que Clearque luy representoit qu'il souffroit pour elle, estant en pleine liberté de le voir, de luy parler & de conuerser auecque-luy priuement & à toutes les heures, se rendit en fin par sa propre infirmité & par l'aueuglement de sa passion à la vehemence & à l'importunité de ses poursuittes. Ce ne fut pas neantmoins sans des promesses de mariage, dont ce malheureux & traistre domestique colora sa desloyauté. L'occasion & la facilité font le larron, dit le Prouerbe, Clearque fut peu de temps à ourdir sa trame, ayant en main toutes les commoditez qu'il eust pû desirer pour la conduire au point qu'il auoit fouhaitté. Il trompa mefme fa mere & fes fœurs qui fe fiant trop en luy le laiffoient ordinairemét feul auec Arpalice, & ils euffent continué en cette pratique trompeufe fi la neceffité ne les euft obligez à la manifeftation de leur folie. Le Roy ayant vn iour appellé à fa Cour Gotzbert, il voulut mener Clearque à fa fuitte felon fa couftume : mais il deftourna ce coup par vne feinte maladie, qu'il fçeut fi dextrement reprefenter pour veritable qu'il fut crû & laiffé à la maifon. Le voyage prolongea fa vie pour quelque temps, mais ce fut pour le plonger dans le peril où il demeura. Durant l'absence de Gotzbert la folie d'Arpalice parut aux yeux de Gerberge par vne tumeur qui n'arriue iamais aux filles bien sages. Ma mere, luy dit-elle, (car ie vous puis bien appeller ainsi puisque ie suis vostre belle fille) ne vous scandalisez pas de ce que ie porte, c'est de vostre sang. Et alors elle luy raconta clairement tout ce qui s'estoit passé entre Clearque & elle, leurs promesses de mariage, & le desir qu'elle auoit de l'espouser clandestinement, en attendant qu'apres la mort de son pere (car

HISTOIRE I.

durant sa vie c'est ce qu'il ne falloit pas esperer) elle le peust declarer pour son mary legitime. Ha! Madamoiselle, repartit Gerberge, qu'auez-vous fait, pensant faire du bien & de l'honneur à mon fils vous le trainez à la mort & à l'ignominie; vous en faites comme l'aigle de la tortuë, elle l'éleue en l'air pour la laisser choir sur des rochers, l'escraser, & s'en repaistre; vous éleuez mon fils à vne gloire & à vne fortune qu'il ne merite pas : mais cette éleuation sera le précipice de sa ruine : si vostre pere s'apperçoit de cecy nous sommes tous perdus. Ie connoy son humeur altiere & cruelle, ie sçay les desseins qu'il a de vous loger en vn lieu éminét, s'il sçait que vous vous soyez donnée à vn domestique, outre que la trahison de mon fils ne se pourra excuser que par la ieunesse & l'Amour qui sont de mauuais boucliers contre vn pere irrité, il n'y a sorte de cruauté dont il ne fasse ressentir les effets à ceux-là mesme qui sont innocens. Ma mere, reprit Arpalice, au lieu de trouuer de la consolation auprés de vous il semble que vous mettiez tout au desespoir, le pis qui me puisse arriuer c'est la mort, c'est à quoy ie suis resoluë pour l'expiation de ma faute: mais auant que d'en venir à cette extremité il ne faut negliger aucun remede: C'est mal fait de se rendre miserable auant le temps, il ne faut iamais desesperer de la bonne fortune, elle aide volontiers aux courageux & aux Amans. Sauuez s'il est possible mon honneur & ma vie, celuy-là en me faisant espouser clandestinemét & en vostre presence mon cher Clearque, & celle-cy en songeant à ma couche. Il est vray, repliqua Gerberge, qu'il ne faut point consulter en

choses faites, & puisque le dé est ietté il faut en rendre la cháce la moins mauuaise que l'on pourra. Elle fait donc espouser secrettemét ces deux Amans, & elle prit vn tel soin de la grossesse d'Arpalice, qu'elle la rendit inuisible mesme à ses deux filles qui estoiét tous les iours auprés d'elle, & au temps de l'accouchement elle les sçeut si dextrement escarter, enuoyát l'vne à Derpt, & l'autre en vne autre maison sous pretexte de diuerses affaires, que ny elles ny aucun des domestiques ne connut la deliurance d'Arpalice, qui deuint mere d'vn fils que
Clearque

Clearque emporta aussi-tost à Derpt, & le mit à nourrice en cachette. Iusques-icy tout estoit assez bien allé pour ces pauures aueugles, beaucoup moins sages qu'heureux: mais tout ainsi que les calmes les plus profonds sont suiuis des plus redoutables tempestes, aussi ce peu de bonnace préceda vn orage furieux. La fortune pareille au boucher qui gratte l'animal qu'il est prest d'assommer, & au singe qui estouffe ses petits en les embrassant, ne leur auoit ry que pour leur tirer en suitte des larmes de sang. A peine trois sepmaines estoiét-elles escoulées apres ce beau mesnage quand Gotzbert reuint inopinément de la Cour, où il auoit esté enuiron l'espace de six mois. Durant ce voyage ayãt ietté les yeux sur les ieunes Seigneurs qui y éclattoiét comme font les estoilles en vn ciel bien serain, les arresta sur Vlric, fils d'vn Chastelain de Podolie, qui auoit à son aduis toutes les qualitez desirables en vn gendre tel qu'il le cherchoit, la naissance, les richesses, la reputation, le courage, l'addresse, la bonne mine, le credit à la Cour, & dans le grand Monde, & tant d'autres circonstáces que l'on considere bien fort en faict d'alliances. L'amitié que Kilian, fils de Gotzbert, & Vlric auoient estroittement contractée donna entrée à ce dessein, & bien qu'Vlric n'eust veu Arpalice qu'en portrait il en estoit deuenu fort passionné. Si bien qu'ayant obtenu la permission de son pere d'entendre à cette recherche, sous l'espoir de la grande dote que Gotzbert vouloit donner à sa fille, il la luy fit demander, & Gotzbert sans s'amuser à tant de ceremonies la luy promit, & luy permit de l'accompagner à son retour sur l'asseurance qu'il luy donna de la luy faire espouser. Kilian voulut aussi estre de la partie pour se trouuer au mariage de sa sœur. Ils arriuerent donc en troupe lors qu'ils estoient moins attédus, & sans qu'Arpalice eust aucun aduis de tout ce que son pere auoit fait pour elle. Quand il l'aborda, estant accompagné d'Vlric & de Kilian, en luy presentant celuy-là, salüez, luy dit-il, ma fille ce Gentil-homme qui viét estre vostre seruiteur fort peu de temps, pour estre vostre maistre tout le reste de sa vie. Vn éclat de tonnerre eust frappé cette fille auecque moins d'estonnemét que ces paroles, qui luy furent autant de dards dans le cœur. Elle se tint pour perduë, & connut bien que cette fusée ne se desmesleroit point sans vn grand esclandre. Quel fut Clearque à ces nouuelles, ie le laisse à considerer. Encore qu'Arpalice sortist d'vne maladie dont l'effort altere la beauté, & l'enbompoint des plus specieuses, si est-ce qu'Vlric ne laissa pas de la trouuer fort belle, soit que le desir d'estre allié à Kilian qui estoit son grand amy, soit que la grandeur du party donnast en son estime des graces particulieres à Arpalice. Il fut receu dans la maison de Gotzbert auecque des cheres, des honneurs & des magnificences conformes à la vanité du receuant. Il se mit en deuoir de correspondre à cette reception par des tesmoignages de grande affection qu'il rendoit à Arpalice, ce ne sont que jeux, que bals, que dances, que tournois, que chasses, que visites, que passetemps, que banquets, & parmy toutes ces festes Arpalice porte dans le cœur vne douleur mortelle, dont les marques se rendent assez visibles sur son front. Mille tortures luy gesnent l'interieur, elle

HISTOIRE I.

aime esperduëment Clearque, elle luy veut garder la foy ou mourir plustost, elle ne sçait comme resister aux volontez de son pere, de qui pour dépeindre la rigueur & la seuerité il suffit de dire que c'estoit vn Sarmate, & Sarmate Samogitien, homme vaillant dans les armes mais farouche & cruel, & pour mieux dire sauuage & brutal. Homme au reste superbe comme vn Pan, & ialoux de l'honneur au dessus de ce que l'on sçauroit imaginer. Ce seroit opposer des fascines à la fureur d'vn torrent que de penser contredire les volontez d'vn homme fait comme celà, la raison ne le gaigne point, la douceur ne le ploye point, les larmes ne l'amolliſſent point, aux prieres il eſt ſourd, aux plaintes inſenſible, aux offences implacable, en tout inexorable. Deüant cette humeur toute l'induſtrie d'Arpalice eſt vne toile d'araignée, toute ſa reſiſtance de paille, il faut vouloir ce qu'il veut ou perir. Luy nommer ſeulement Clearque le mettroit en fureur, luy alleguer d'autres excuſes il s'en mocquera, quoy que l'on auançe il faudra paſſer outre. D'autre coſté Arpalice ne ſçait par quelle invention se deffaire de ce nouuel hoste qui ne donne aucune prise sur luy. Il est beau, bien fait, doux, gracieux, de bonne conuersation, digne de toute sorte de bien-veillance. Estimé & desiré du pere, cheri & carressé du frere, auoüé de ses propres parens en cette recherche, auctorisé par Gotzbert & Kilian, en fin c'est vn miroir poli de qui on ne peut pincer la glace. Sa famille, ses biens, sa personne, son esprit, sa qualité, tout y est irreprochable : cet homme mis auprés de Clearque, qui est à peine Gentil-homme & seruiteur domestique au reste, & fils d'vne Gouuernante, c'est de la neige deuant le Soleil, c'est vn Naim auprés d'vn Geant. Arpalice n'est point si peu iudicieuse qu'elle ne voye tout cela: mais apres tout elle aime si fort Clearque, est si attachée à sa parole, & croit si fermement qu'il n'y a que luy seul qui puisse reparer son honneur si auant engagé, qu'elle ne peut auoir des yeux ny des oreilles pour Vlric, & croyāt à force de mespris de picquer ce grand courage & de l'obliger à la laisser. Que ne luy dit-elle point pour luy persuader de rompre son entreprise:

mais Vlric soit qu'il eust de la passion, soit qu'ayant asseuré à la Cour qu'il s'alloit marier, il estimast que son honneur y seroit engagé s'il n'acheuoit sa conqueste, prenant tous les discours d'Arpalice à contrepied, & pour des essais artificieux de sa constance, faisoit gloire de ses desdains, & les prenoit pour les marques d'vne honneste pudeur & d'vne modeste honte. O monde que sous de belles apparences tu caches de grands deffauts, tu es pareil à la fueille d'Asphalte qui couure vn serpent de sa verdeur. Voila en mesme temps Arpalice & les compli-

ces de sa sottise, Clearque &
Gerberge, en de merueilleuses perplexitez. Arpalice deuorée de mille pensers, & plongée dans vn labyrinthe d'imaginations incertaines où elle entroit en pensant sortir, d'où elle sortoit en pensant entrer, sans l'aide du fil de la raison pour déueloper ces embarrassemens, ne sçauoit de quel costé se tourner qu'elle n'y vist des malheurs & des précipices horribles. Se trouuant seule dans son cabinet elle soupiroit de la sorte : Helas chétiue, tes plaisirs ont passé comme vne ombre, tes ris ont esté suiuis de

bien prés par des pleurs, à peine suis-ie sortie d'vn naufrage que ie redonne en des brisans qui me menaçent de la perte infaillible de ma foy & de mon contentement. Fortune cruelle ne m'as-tu fait gouster le miel de tes delices que pour me rendre plus sensible le fiel de tes disgraces. Ah! tes biens ne sont que des ombres, mais tes maux sont des corps solides & palpables: ceux-là passent insensiblement, ceux-cy demeurent & se font sentir. Ennemie de mon repos, tu m'aurois traittée d'vne main trop fauorable si tu m'auois attainte du coup que ie redoute le plus, qui eſt la mort de mon mary & celle de mon enfant, non pas que ie deſire leur mort puiſqu'ils font la meilleure part de ma vie : mais parce que ie connois bien que ſi ce qui s'eſt paſſé vient à ſe deſcouurir (& la dure loy de la neceſſité m'y va contraindre) ce leur ſeroit vne faueur du Ciel de n'eſtre plus en vie pour eſtre exempts de la cruauté de Gotzbert. O grandeur, que tu es contraire à ma félicité : ſi i'eſtois née d'vne condition plus baſſe & proportionnée à celle de mon Clearque, ie ſerois plus heureuse & ie pourrois auecque luy passer mes iours pleine de contentement : si faut-il que ie luy sois fidelle, & si la passion m'a fait commettre vne faute inconsiderée en me retirant de l'obeissance que ie dois à mon pere, que ie la repare par ma loyauté, & s'il faut que ie meure que ce soit ayant sur le front la couronne de la constance. Elle disoit cecy noyant son visage de larmes, mais elle ne passa pas plus outre sa voix estant suffoquée par ses sanglots. Comme elle estoit en ces tristes pensées Gerberge entra, & la trouuant en cet estat, sans luy demander la cause de sa douleur, qui ne luy estoit que trop connuë: Et bien, luy dit-elle, ma belle-fille, n'ay-ie pas esté vne Sibile, mes coniectures n'ont-elles pas esté des Oracles, ne sommes-nous pas dans les tempestes que i'auois préueuës; & dont ie ne voy nul moyen d'eschaper sans naufrage. Ha ma mere, reprit Arpalice, ie voy bien qu'il en faut mourir, mais s'il faut perir en cet orage, i'aime mieux perdre la vie que la foy. Voilà, repliqua Gerberge, des paroles moins courageuses que desesperées: Le courage ne consiste pas en cette fureur

Histoire I.

aueugle, qui nous fait à yeux fermez & à corps perdu précipiter dans le peril, mais en vne force d'esprit iudicieuse qui fait genereusement receuoir la mort quãd elle est ineuitable, mais qui fait chercher auparauãt les moyens de s'en garantir. Où est ce grand courage que vous me fistes paroistre lors que vous me declarastes l'erreur où vous estiez tombée auecque mon fils, & qu'il n'estoit pas tẽps de craindre comme à present, faut-il que ie vous rende à cette heure cet encouragemẽt que vous me prestastes lors, & que le cœur vous faille lors que vous en auez plus de besoin. Que peut apprehender celle qui fait profession de ne redouter pas la mort, peut-estre vous craignez l'infamie, & si Clearque est vostre mary quel deshoneur vous reuient de son accointance, mais vostre mariage est clandestin, & en le descouurant vous le rendrez solemnel : ce n'est pas toutefois ce que ie vous conseille de faire si tost, mais aparauãt vous deuez employer toute sorte de ruses pour escarter Vlric & le diuertir de sa poursuitte. Au reste, si du passé nous deuons tirer quelque espoir, pour l'aduenir

Histoire I. 37

quel sujet auez-vous, apres vn pas si perilleux que celuy que vous venez de franchir, d'apprehender que le Ciel vous soit moins propice. Le malheur n'a de coustume d'accabler que les deffians, le vray secret pour attirer la bonne fortune c'est de se confier en elle. Ne vous affligez point, esperez & faites vertu de la necessité. Nostre vie est semblable à vn vaisseau qui flotte sur la mer, tantost battu des vents & des flots, & le ioüet de l'orage, tantost cinglant doucement sous vne gracieuse bonace. Comme dans la prosperité il faut marcher la bride à la main, & se souuenir des mauuais iours: Aussi dans le desastre il faut releuer son esprit par l'esperance, & se persuader que d'vne fortune déplorée on peut arriuer à vne meilleure. Mais tandis que ces femelles taschent par leur discours de moderer leur trouble, & de se soulager en leur pressante affliction, permets-moy, mon cher Lecteur, de t'entretenir vn peu de l'inconstance & vicissitude des choses humaines. Il n'y a que peu de iours que cette sotte fille en la libre & paisible possession de son Clearque pensoit estre arriuée au comble de sa felicité, & la voilà en vn moment tombée dans vne si profonde misere qu'elle perd l'esperance de s'en retirer. O combien il est vray que qui se fie aux plaisirs du monde bastit sur le sable mouuant des edifices de roseaux; de quelque part que nous tournions les yeux en cette valée de larmes nous ne voyons que miseres, & soit que nous cósiderions les âges ou les conditions des hommes, nous n'y descouurons que des calamitez. Y a-til rien de plus miserable que l'enfance priuée de soustien & de iugement, qui ne sçait ny parler ny distinguer le bien du mal, & d'autant plus chétiue que moins elle cognoist sa misere. L'adolescence, esclaue de la discipline & du trauail, n'a pas vne heure à soy toute despendáte des humeurs de ceux qui la conduisent. La ieunesse qui semble estre la fleur & l'auril de la vie & le printemps de nos iours, est vne saison boüillante, inconsiderée, aueugle, sans paix, sans tranquillité, toute abandonnée aux plaisirs qui ne sont que des ombres fuyardes. L'âge que l'on appelle meur est rongé de soucis ou ambitieux & auares, & sujet à tant de diuerses reuolutions de la fortune, qu'il semble estre le but de tous ses traits. Et en fin la vieillesse, qui est vne continuelle infirmité, ou ronge le cœur du regret de la vie mal passée & du temps follement employé, ou fait voir que tout ce qui luy a pleu en vn âge plus florissant n'a esté que vent & fumée, ou bien vne fleur aussi-tost éuanouye qu'épanouye. Que si la froideur du sang luy rend les passions moins aiguës, elle n'en est pas pour cela plus tranquille, au contraire elle est plus chagrine & fascheuse que les autres âges, soit qu'elle considere sa

force & sa vigueur perduë, soit qu'elle se voye voisine du tombeau, soit qu'elle se sente chargée de maladies, & bien qu'elle se puisse consoler de l'auantage de la prudence que l'experience luy donne, c'est vn present qui luy couste si cher, puisqu'il ne s'acquiert que par la perte des plus beaux iours, qu'elle prend de là sujet de se fascher de cette acquisition si dommageable. Que si nous arrestons nostre regard sur les diuerses conditions des humains, nous les verrons toutes aboutissantes à la misere. Si l'homme est pauure, il a tousiours à ses
coste z

HISTOIRE I. 43

costez la necessité, l'ennuy, la honte, la faim, la soif, le froid, le mespris, & en cette mauuaise compagnie il est abandonné de tout le monde; on le fuit comme vn pestiferé, on s'en mocque comme d'vn insensé, on le laisse comme vn lepreux, en effect il est vrayment miserable: & fust-il le plus sage de son païs il est tenu pour fol & ridicule, parce que selon la maxime du siecle la prudence est estimée demeurer où il y a beaucoup de biens. Que s'il est en vne condition mediocre, quelques loüanges que les sages donnent à la mediocrité,

C

qu'ils appellent dorée & deſirable, il ſe trouue peu de gens qui s'y arreſtent, le nombre de ceux qui aſpirent à de plus grands biens & honneurs, & à des fortunes plus éleuées eſtant preſque infini. Et en cette eſtenduë de deſirs qui n'ont ny but ny terme, il n'y a iamais de vray repos ny de parfaicte tranquillité. Et beaucoup moins ſe trouue-t'elle dans les grandeurs des conditions éminentes, puiſque le faiſte de l'ambition conſiſtant à eſtre au deſſus de beaucoup de perſonnes, il faut neceſſairemét auoir pluſieurs affaires, & cette multitude de negociations est tout à fait contraire à la paix. Ie veux que les mantes Royales soient doublées d'hermine, & que l'hermine de soy ne soit point sujette à la vermine corporelle : mais combien celle-là qui se porte à raison de la superiorité est-elle accueillie de la vermine des soucis mordans & des rongeantes inquietudes. Que de troubles, que de tourmens, que d'espines se cachent sous le lustre & l'esclat des couronnes & des diadêmes : ce qui faisoit dire à vn Sage qu'vn grand Empire est vne mer de trauaux, laissant à part les soupçons de trahison, les craintes d'empoisonnement, les continuelles deffiances où viuent ceux qui sont sur les trosnes, angoisses qui leur font souuent enuier la condition de ceux qui coulent leurs iours doucement sous les cabannes ou dans les qualitez plus raualées. C'est ce qui faisoit dire à vn Prince si sage entre les Roys, qu'il peut estre appellé le Roy des Sages, peut en considerant la fascheuse condition de sa vie, que celuy-là estoit heureux qui mouroit en naissant, & plus heureux celuy qui n'estoit iamais né. Mais laissant à part les âges &

les estats comme des choses innocentes, & qui ne sont rendües miserables que par nos coulpes, à quel degré de misere faudra-til mettre ceux chez qui regne le peché, source de tous ces malheureux effects. A dire la verité ie n'ay point d'assez fortes paroles pour exprimer ce desastre, & c'est pour cela que ie cherche des exemples, & les estale aux yeux d'vn chacun, afin que dans les tragicques succez de ceux qui se portent au vice nous apprenions à l'éuiter si nous n'en sommes pas attaints, & si nous y sommes engagez à nous en deffaire comme d'vn mauuais hoste, & qui ne minute que la ruine de ceux qui le reçoiuent. Celuy de Clearque & d'Arpalice est à mon iugement d'vn haut relief, & nous y verrons en caracteres de sang & d'horreur les rudes chastimens que le Ciel reserue à l'incontinence. Apres que Gerberge & cette fille affligée eurent longuement consulté, elles firent ce qu'ont accoustumé de faire les femmes apres de longs propos, qui est de ne conclurre rien, & au lieu de consolider leurs playes, elles les irriterent plustost en les tastant d'vne mauuaife main. Ne pouuans donc fortir du dédale où elles eftoient entrées, elles voulurent auoir l'aduis de Clearque fur les moyens d'empefcher que cette recherche d'Vlric ne ruinaft leurs affections. C'eft le propre des coulpables de porter leur tefmoin, leur iuge & leur bourreau dans le fein, & de craindre lors mefme qu'ils font en lieu d'affeurance; qu'euft fait Clearque eftant au milieu de ceux qui luy alloient ofter fon Arpalice fans qu'il ofaft parler, & fi en fe defcouurant il faifoit venir fon crime à leur connoiffance, que pouuoit-il esperer sinon d'estre mis en plus de morceaux que n'est vn grand arbre abbatu par la foudre. Asseurez-vous qu'il n'estoit pas sans angoisse, & quelqu'ambition qui regnast dans son courage, quelque plaisir qui chatoüillast ses sens il eust voulu estre moins auancé dans le crime, & moins trauaillé de la repentance. Certes en vne tempeste qui fait entrechocquer les vagues & piroüetter le vaisseau, il est mal-aisé de tenir le timon droit, parce que lors l'art du nautonnier est surmonté par l'effort de l'orage. Clearque battu de vents contraires, & se voyant entre les deux extremitez ou de se perdre ou de perdre Arpalice, ne sçauoit à quoy se resoudre, & en cette irresolution estant appellé par vne de ses sœurs pour aller au conseil que tenoient son Amante & sa mere, il crût qu'il y trouueroit la resolution qu'il cherchoit, & on le faisoit venir pour la tirer de luy. Sur mer en vn grand fortunal tous mettent la main à l'œuure, & châque passager donne des aduis au Pilote, & s'il faut à la fin perir on meurt auec quelque sorte de consolation quand on n'a rien obmis à faire pour se sauuer. Ils s'assemblent à dessein ou de perir ou d'eschaper tous ensemble, mais ils ont trop mauuaise cause pour éuiter la condamnation. Clearque cachât la palpitation de son cœur sous vne mine resoluë & vne hardiesse contrefaite, se presenta deuant ces femelles esperduës, il ne fallut point d'enquestes pour sçauoir le sujet de leur effroy, ny arriuer au point dont il estoit question par de longues préfaces. Ayant donc recognu au discours de sa mere & d'Arpalice que le trouble d'esprit où elles estoient leur ostoit le clair

HISTOIRE I. 53

vsage de la raison, il s'essaya par des termes plus genereux que n'estoit son propre sentiment à leur donner du courage, encore que luy-mesme en manquast. Il est vray, leur dit-il, que le commun iugement nous a tousiours dicté que le temps qui met les choses les plus cachées en éuidence, descouuriroit à la fin le mariage clandestin que nous auons contracté, ce qui deuoit tousiours arriuer ou durant la vie de Kilian ou durant celle de Gotzbert, & peut-estre que ce que nous imaginions le plus asseuré l'eust esté le moins, parce

C 6

qu'il y a toufiours plus de tendreffe dans le cœur d'vn pere pour vne fille que dans celuy d'vn frere pour vne fœur ; peut-eftre que nous auons peur de noftre bonne fortune, & que ce que nous eftimions noftre mieux, qui eftoit de ne nous defcouurir qu'apres la mort de Gotzbert, euft efté noftre pis, Kilian n'eftant pas moins hautain ny d'humeur moins vindicatiue que fon pere, en quelque façon que ce foit il vaut autant tomber entre les mains de l'vn que de l'autre; & puifque nous ne deuons attendre la vie que de leur pitié, il y a plus d'apparence d'esperer de la misericorde de celuy-ci que de l'autre. Au reste, le vray secret pour vaincre le malheur c'est de s'asseurer, parce que les traits ne percent point ceux qui se font bouclier d'vne forte resolution. Au contraire, en vain s'arme le soldat qui tremble à la seule vie de son ennemy. Ha! Clearque, respondit Arpalice, que vous connoissez mal l'humeur cruelle de mon pere, & comme pour satisfaire à sa végeance il n'aura aucun respect de son propre sang. Vn tel affront que celuy qu'il croira que nous luy aurons fait & éuenté sur le visage d'Vlric ne s'effaçera pas si aisément de sa pensée, au contraire il fera valoir cet empire de l'auctorité paternelle pour nous perdre auecque plus de rigueur; de moy ie pense que i'eusse plus doucement mesnagé l'humeur de mon frere. Cette sauuage humeur de Gotzbert, repliqua Clearque, ne m'est pas inconnuë, ie sçay combien sont & prompts & violens les effects de sa colere, que i'ay assez souuent & veus & ressentis : mais il est pere & vostre pere, & en outre il n'y a rien que le temps ne change, ny cœur si dur

HISTOIRE I. 57

que le temps & la pitié n'amolliſſent. Pour grandes que ſoient les fautes des enfans, elles ont touſiours vn ſecret aduocat dans le cœur des peres qui plaide pour leur deffence, & qui obtient preſque touſiours le pardon. Adjouſtez à cela qu'il deuient vieux, & la naturelle froideur de la vieilleſſe accoiſe les chaleurs & les boüillons du ſang où ſe nourriſſent le courroux & la cruauté. Et puis il a eſté ieune, & il n'eſt pas qu'en cet âge verd il n'ait reſſenti les pointes de cette flamme, blaſmée de tant de gens & éuitée de ſi peu; peut-eſtre que ce ſouuenir fera noſtre excuſe. Que ſi la fureur le tranſporte iuſques à ce poinct de ne pouuoir raſſaſier ſa vengeance que de noſtre ſang, que gaignera-til en noſtre mort ; peut-eſtre que ie ne ſeray plus voſtre mary, peut-eſtre que vous ne ſerez plus ma femme, quand il ſeroit vn Dieu il ne ſçauroit faire que ce qui eſt aduenu ne ſoit arriué, il faut eſperer qu'il prendra vn meilleur conſeil, & que pour eſpargner ſon ſang il retiendra ſa colere. Mais pour arriuer à ce poinct, ie ne ſerois pas d'aduis que Gotzbert ſçeuſt ny à l'impourueu ny de vous ny

HISTOIRE I. 59
de moy ce qui s'est passé entre nous, parce qu'à la chaude il pourroit faire quelque trait qui nous seroit dangereux, & dont il se repentiroit à loisir quand il seroit reuenu à son bon sens. Ie trouuerois donc à propos que l'on fist le possible, soit par dissuasions, soit par refus, soit par desdains, pour renuoyer Vlric à la Cour, & luy faire laisser sa recherche. Et s'il faut descouurir la veritable cause de ce renuoy, qui n'est autre que nostre mariage, qu'on le fist entendre à Gotzbert par quelque personne confidente & aduisée qui preparast son

esprit à cette verité, & puis qui rabbatist les pointes de sa colere en l'assaut que luy donnera cette nouuelle. Ie ne connoy personne qui nous pust mieux rendre ce bon office que Sturme, ce vieux seruiteur de Gotzbert, qui l'a suiuy dés sa ieunesse, qui luy parle auecque tant de hardiesse, & en qui Gotzbert a vne si grande confiance. Ie sçay qu'il a vne tédresse particuliere pour Arpalice, qu'il aime comme sa nourrissonne, & qu'elle le cherit comme son pere nourricier. En vne cheute on prend tout ce qu'on rencontre pour s'arrester. Cet aduis sembla vn Oracle à Arpalice: mais Gerberge qui comme vieille & comme femme, & comme mere craignoit & pour ellemesme & pour son fils, ne veid pas assez de seureté en cette conduite. Elle n'ignoroit pas que le sang plaideroit la cause d'Arpalice au tribunal de la seuerité de Gotzbert, mais elle ne voyoit pas le mesme aduocat pour Clearque sur qui elle iugeoit, & prudemment, que ce fier Sarmate deschargeroit toute sa fureur. C'est le propre de l'Amour & de la misere d'esperer peu, de craindre tout, & de prendre toutes choses au pis ; c'est pourquoy elle vouloit que Clearque se tint à l'escart durant que tout ce qu'ils desiroient se trameroit par Sturme, & de peur qu'il ne semblast auoir pris la fuitte, elle feindroit de l'enuoyer en quelque lieu autour de Derpt pour ses affaires particulieres. Encore que cet aduis de Gerberge fust extremement agreable à Clearque, parce qu'il mettoit sa vie en seureté, neantmoins pour contrefaire l'Amant genereux il le rejetta, protestant de vouloir courir le mesme hazard qu'Arpalice, & sçeut si bien joüer son personnage

HISTOIRE I. 63
qu'il se fit prier & coniurer par cette fille & par Gerberge de se retirer, & se mettre à l'abry durant que tout cet orage creueroit. Ce qu'il fit auecque le congé de Gotzbert, sous le pretexte de certain voyage que Gerberge luy fit entendre estre necessaire. Cependant Vlric de son costé comme ayant de la passion pour Arpalice, Kilian comme desireux d'estre allié d'Vlric, & Gotzbert comme souhaittant vne prompte conclusion de cette alliance, pressoient diuersement le cœur de cette Damoiselle; le premier par des discours qui naissoiét

de l'abondance de son affection, le second par les excessiues loüanges de son amy dont il battoit sans cesse les oreilles de sa sœur, non pas pour luy persuader de le receuoir pour espoux (car il ne croyoit pas qu'elle y eust de la repugnance) mais pour luy faire cognoistre combien elle seroit comblée d'honneur & ensemble de bon-heur auec vn tel party. Le troisiéme ne luy en parloit que côme d'vne chose faite, & surquoy il n'y auoit autre conseil à prendre que d'obeïr. Battuë de tant de lieux elle ne voyoit point d'autre porte pour sortir de ce labyrinthe que celle de l'entremiſe de Sturme, ſelon qu'ils auoient reſolu en leur dernier conſeil. Mais voyez où alla la malice de Gerberge qui peut-eſtre fut cauſe d'irriter le Ciel & d'attirer ſur leurs teſtes des maledictions qui cauſerent tant de ſang. Selon qu'il eſt eſcrit que Dieu a en abomination les perſonnes qui aiment la trahiſon & la cruauté. Cette vieille voyant ſon fils en ſeureté donna en ſon abſence deux nouueaux conſeils à Arpalice, que ſa generoſité rejetta en la meſme ſorte que l'ayman blanc rejette le fer que

l'ayman noir attire. Le premier fut puis qu'Ulric ne se vouloit pas retirer de bon gré de cette recherche, quelque priere que luy fist Arpalice de s'en deporter, & quelques froideurs, desdains, mespris & mauuais traittemens qu'elle employast pour le dégouster de cette entreprise, qu'il falloit mettre en œuure la poison, & se deffaire par cet infame moyen de ce ieune Seigneur. Arpalice qui estoit d'vn naturel fort doux & amiable fremit à ce discours, & l'eut en horreur venant à penser que ce seroit vne cruelle & ingrate recompense de
tant

tant d'amour que luy tesmoignoit ce Cheualier si accomply, de luy donner la mort. Car en fin dequoy estoit-il coulpable sinon de troubler vne affection & vn lien qu'il ignoroit, & dont la premiere connoissance luy feroit aussi-tost laisser sa poursuite. Gerberge voyant qu'elle ne pouuoit faire consentir Arpalice à cette trahison, comme vn abisme en appelle vn autre, elle luy en proposa vne plus execrable: Qui estoit que pour contenter Gotzbert & Kilian elle espousast Vlric, de qui elle pouuoit esperer de grands aduantages, & que

D

apres quelque temps le venin feroit la separation de cette vnion forcée, & lors estant vefue & en ses droits elle pourroit mesme outre la volonté de Gotzbert espouser son Clearque, qui ne prendroit point vne contrainte pour vne foy faussée, & qui au reste tiendroit à beaucoup d'honneur d'espouser la vefue d'vn Seigneur de la qualité d'Vlric. Cette malheureuse Gouuernante déguisoit l'horreur de cette detestable pensée par des couleurs & des industries si specieuses, qu'vn esprit moins clair-voyant que celuy d'Arpalice en eust esté surpris : mais pour ne donner sujet à cette harpie de faire ce qu'elle conseilloit, elle dissimula prudemment l'auersion qu'elle auoit d'vn dessein si damnable. Elle luy dit seulement qu'elle ne pouuoit consentir que son corps fust iamais en d'autres bras que ceux de Clearque, veu la foy qu'elle luy auoit iurée, & le gage qu'elle auoit de leur mariage ; qu'Vlric se pouuoit renuoyer par vne voye plus douce que la mort, & que sur tout cecy en l'absence de Clearque il falloit consulter Sturme, qui leur trouueroit peut-estre quelque expedient pour acheminer ces affaires à leur fin d'vne façon plus moderée. Arpalice ayant donc vn iour fait appeller Sturme il la trouua toute espleurée, & faisant voir à sa contenance les marques d'vne excessiue douleur : Ce vieux seruiteur qui aimoit les enfans de son Maistre auec vne extreme tendresse, s'estant aussi-tost enquis du sujet de son affliction : Ha! dit-elle, Sturme, tu vois en moy la creature la plus malheureuse qui viue sous le Ciel, & qui parmy tous les contentemens & les felicitez que chacun croit la venir accueillir, n'attend au-

HISTOIRE I.

tre chose que la mort, si l'amitié que tu luy as tousiours móstrée dés sa naissance ne la sauue de ce naufrage. Ce langage si nouueau estonna bien fort le vieillard, & neantmoins ne luy osta pas la curiosité de sçauoir la cause de cette tristesse. Quoy, luy dit-il, ma Maistresse, est-il possible que les filles que l'on va marier puissent pleurer & se plaindre? Quoy le party qu'on vous presente n'a-til pas toutes les qualitez qui peuuent rendre vn Seigneur recommandable & desirable? Iettez les yeux où il vous plaira vous n'en verrez point de pareil, la Poloigne, la Lituanie, la Liuonie sont de grande estenduë, mais ie vous puis asseurer que nous vous auons choisi la cresme & la fleur de la Cour, & que plusieurs Damoiselles sinon aussi belles au moins aussi grandes & riches que vous, ont souspiré son absence & regretté que vous emportassiez leurs prétensions. En suitte il se ietta sur les loüanges d'Vlric, dont il fit vn Panegirique assorty de toutes les parties que l'on peut souhaitter, en quoy il ne flattoit pas tant qu'il disoit la verité aduantageusement & de bonne grace. Ces veritables merites d'Vlric, & qui n'eſtoient en Clearque qu'en l'imagination d'Arpalice, ne plaiſoient pas beaucoup à cette fille, luy ſemblant qu'en vn eſprit préoccupé comme celuy de Sturme elle trouueroit difficilement la faueur qu'elle ſouhaittoit : cela la tint quelque temps en ſuſpens, mais ſe voyant ſi auançée elle determina de franchir le ſault, en arriuaſt ce qui pourroit. Sans contredire donc aux loüanges qu'il auoit données à Vlric, elle auoüa que toutes ces parties rendoient ce Cheualier deſirable : mais à vne autre qu'à elle, qui n'ayant qu'vn cœur & vn corps ne pouuoit estre à deux : & aussi tost sans autre préambule, les yeux fermez, & auecque la vergoigne que vous pouuez imaginer en vne fille qui n'a pas tout à fait perdu le sens, elle luy confessa franchement & luy declara par le menu tout ce qui s'estoit passé entre Clearque & elle ; leur amour, leur mariage clandestin, sa couche, & toutes les particularitez que nous auons racontées. Vous voyez, poursuiuit-elle, Sturme que ma faute & la rigoureuse (ou si ie l'ose dire ainsi) la cruelle humeur de mon pere ne me font esperer aucun pardon si cecy vient à sa connoissance, & il faut qu'il le sçache en cette occurrence de la recherche d'Vlric, n'ayát autre sujet de refuser vn party où i'auoüe qu'il n'y a rien à redire, sinon que ie suis des-jà engagée & tellement engagée à vn autre. Ce peu qui me reste d'espoir est tout en ta prudence, cher Sturme, en luy faisant entendre cecy auecque telle industrie qu'il ne soit pas saisi tout à coup de cette nouuelle, & en moderát par de douces paroles la premiere impetuosité de só courroux. Apres cela tu luy pourras remóstrer les vertus de ce ieune homme, qui valent mieux que ny l'abondance des richesses, ny l'antiquité de la race, ny la préeminence du rang, ny tant d'autres vanitez qui sont estimées par ceux qui preferent l'interest au merite. A ce discours Sturme se trouua tellement saisi qu'il fut assez long temps à regarder Arpalice d'vn œil plein de larmes sans sçauoir que luy respondre. A la fin, quand l'oppression de son cœur eust donné quelque liberté à sa voix, il ne pût dire autre chose sinon repeter cette exclamation. Ha! ma Maistresse qu'auez-vous fait; & apres il s'arresta comme tout transi. A quoy Arpalice iugea bien l'angoisse de son ame. Sur cela elle dit: Pauure moy, ie voy bien que mon plus grand mal ne prouient que de la misere de mon sexe. O sexe infortuné, le defaut de la nature, l'objet de l'esclauage & de la calamité, plein d'ennuy en toy-mesme, & en horreur aux autres. Non, ie ne croy point qu'entre les creatures il y en ait vne plus chétiue qu'vne fille, la nature mere des autres animaux nous a esté maraſtre, veu que dés le ventre mesme de nos meres nos peres nous ont en haine, & ne desirent pas qu'elles accouchent de nous. Et quand nous venons sur la terre, la mere mesme qui nous produit pense auoir fait vne faute, & regrette de n'auoir enfanté vn masle. Dauantage, il n'y a si vil animal qui ne naisse libre, mais nous naissons aux chaisnes & à la seruitude, condamnées à des prisons perpetuelles. Nous viuons sous vne continuelle sujection, tousiours soumises à la volonté d'autruy, à peine auons-nous les yeux libres, puisque nos regards sont controllez par celles qui nous gouuernent ; & en fin lors que nous deurions vser du droit de nostre naturelle franchise en choisissant celuy que nous voudrions pour espoux (en quoy nous ne changeons pas de condition mais seulement de ioug) le pere, la mere, le frere, le Tuteur, bref ceux qui nous ont en charge nous veulent lier à leur fantaisie, & faut que leur contentement tienne la place du nostre, comme si nous ne voyons que par leurs yeux, & ne respirions que par leur haleine. C'est bien pis, il faut qu'auecque la dotte nous achetions vn maistre, & quelquefois vn tyran tel qu'est vn mary atteint de la rage qu'on appelle jalousie. Que si de nous-mesmes portées par l'élection, qui est vn effect de l'inclination, venons à choisir vn mary qui nous soit agreable, c'est lors que nous esprouuons par des traittemens effroyables combien il nous est dangereux de faire nostre volonté, & de nous soustraire de la puissance de ceux à qui les loix nous soumettent. Qui ne voudra croire ce que ie dis, me regarde comme vn miroir, & il connoistra que la grandeur de ma naissance au lieu de

m'exempter de cet esclauage
me rend d'autant plus coulpable;
trop heureuse si le ciel
m'auoit fait naistre simple
villageoise, mes desirs en seroient
beaucoup moins criminels,
& ie n'attendrois pas
la mort comme ie fais, pour
le salaire de mon Amour.
Mais puis qu'il en faut venir
à ce poinct, ie ne la veux
point receuoir de la main de
celuy qui m'a donné la vie,
de peur que se soüillant en
son propre sang il n'imprimast
vne tache à sa reputation
qu'il ne pourroit iamais
effaçer: mais puisque i'ay fait
la faute, ie veux m'en iuger &

m'en punir moy-mesme, & préuenir la main d'vn autre qui ne me peut chastier d'vn supplice moindre que la mort. Cette sanglâte resolution picqua le cœur de Sturme, & fit en luy ce que les coups aux lethargicques, le réueillant de l'assoupissement où son estonnement l'auoit plongé. Non non, dit-il, il n'en faut pas venir-là, il y a remede à tous les maux excepté à cestuy-ci qui est le dernier de tous. Ie ne croy pas que mon Maistre ait tellement renoncé aux communs sentimens de la nature, encore qu'il soit d'vne humeur hautaine & fort sensible en ce qui touche l'honneur, qu'il vouluſt vous punir d'vn dernier ſupplice: mais vous auez fait prudemment de faire éuader Clearque, parce que les premiers mouuemens qui ne ſont en la puiſſance d'aucun homme ſont en luy ſi fort impetueux, qu'il n'y a ſorte de cruauté qu'il n'exerçaſt ſur ce ieune homme; ieune homme dont certes la temerité, la perfidie & l'inſoléce ſont inexcuſables, & en ſuitte peu dignes de pardon, d'auoir oſé d'vn attentat digne de mort deuát toute Iuſtice, éleuer ſes deſirs en vn ſi haut lieu ſans conſiderer la baſſeſſe de ſa condition,

& soüiller impudemment de l'ordure de son impudicité & la maison & le sang de son Maistre. Madamoiselle, ie vous aime trop pour vous flatter, ie suis en vostre maison deuant que vous fussiez née, ie vous ay portée mille fois en mes bras tandis que vous estiez enfant, Dieu sçait quel cœur i'ay pour vous, combien ie souhaitte vostre bon-heur & plus encore vostre conseruation : mais sans vous déguiser la verité vous auez fait la plus grande erreur qu'vne fille de vostre qualité puisse commettre, ie ne voy rien qui vous en puisse obtenir le pardon que la force du sang, car celle de la raison me semble trop foible: aussi est-ce la corde que ie veux faire sonner le plus haut deuant vostre pere, qui en fin est vostre pere & en cette qualité obligé de vous estre pitoyable & indulgent. Ie ne rejette point la commission de luy en parler, encore que ce soit vn assez fascheux employ que d'estre messager d'vne si mauuaise nouuelle, & vous deuez esperer de moy tous les bons offices que vous sçauriez desirer d'vn homme qui voudroit faire bouclier de son corps pour sauuer le voſtre : mais ie vous conſeille pour aller au deuant de tous inconueniens que vous feigniez demain, lors que ie parleray à Gotzbert, d'eſtre fort malade, & que pour cela vous gardiez le lict, afin que s'il vous commandoit de le venir trouuer vous euſſiez vne excuſe de n'y venir pas, & de ma part i'empeſcheray autát qu'il me ſera poſſible qu'il n'aille en voſtre département que vous tiendrez bien fermé, de peur qu'il n'y allaſt faire quelque vacarme. Ie connoy ſon humeur ſoudaine & colerique, mais qui reſſemble à l'abeille qui demeure engourdie aussi-tost qu'elle a lasché son aiguillon. Il faut esperer que Dieu touchera son cœur, & que peut-estre cette fascheuse affaire aura vne issuë plus heureuse que nous ne nous oserions promettre. Arpalice oyant ainsi parler Sturme se retira, non pas toute cósolée mais moins désolée de sa conuersation, luy recommandant auecque larmes son honneur & sa vie, auecque celle de son Clearque, sans qui elle protestoit ne vouloir ny ne pouuoir viure. Quand Sturme se veid cette fusée à démesler, que de pensées l'assaillirent,

& qu'alors il reconnut combien en de grands & inopinez accidens la prudence humaine estoit courte. Certes l'amitié qu'il portoit à Arpalice & la compassion de son infirmité luy faisoient trouuer assez d'excuses pour elle, mais il ne s'osoit promettre de les rendre receuables à Gotzbert. Quand il r'appelloit en son souuenir le temps de sa ieunesse, lors qu'vn sang plus chaud luy donnoit des imaginations plus éueillées, il reconnoissoit qu'vn regard, vn souris, vn maintien, vne cajollerie estoient des estincelles capables d'exciter de grands embrasemens en de ieunes cœurs. Que la facilité de la côuersation auoit beaucoup contribué à la cheute de cette fille, qui auoit esté donnée en garde en vne assez mauuaise main. Qu'vne Damoiselle delicate, éleuée dans l'aise & l'oysiueté estoit vne matiere toute disposée à cette flamme, veu mesme que l'Amour à tousiours l'arc & les fléches en main prest à blesser les cœurs non occupez, qui sont le vray but de sa visée. Que les graces de Clearque, non vulgaires en vn hôme de commune condition, estoient capables de donner dans les yeux d'vne plus aiſée. D'autre coſté quand il comparoit la diſparité des qualitez, il ne pouuoit comprendre de quelle façon Arpalice s'eſtoit tant oubliée, & Clearque auoit tant entrepris. Puis retournant les yeux de ſon eſprit ſur Gotzbert, il ne ſçauoit quel biais prendre pour luy faire ſçauoir ce malheur, beaucoup moins où trouuer des raiſons pour accoiſer le tumulte qu'il exciteroit en ſon eſprit, & luy faire trouuer bonne vne action ſi deſraiſonnable. Il luy ſembloit que deſ-jà il le voyoit tranſporté de fureur, eſcumant de rage,

rage, & auecque des yeux estincelans & des paroles aiguës comme des éclairs & ardantes cóme des foudres tonnans des menaces, des maledictions & des imprecations, & prenant à partie le Ciel & la terre. L'absence de Clearque le mettoit à l'abry de ce tumulte grondant, mais il craignoit qu'il ne creuast sur Arpalice, d'où ne pouuoit sortir qu'vn horrible scandale. Il voyoit bien qu'il s'estoit par sa parole chargé d'vne estráge commission, & sás doute s'il n'eust eu vne extraordinaire affection pour cette fille & pour le bien de la maison de son Maistre,

E

il ne l'eust iamais entrepris, mais puis qu'il falloit que cette apostume se creuast, il valloit autant & plus que ce fust auecque la lançette du iugement que par vne voye qui feroit plus de tumulte. Se voyant donc le lendemain en particulier auec Gotzbert, il le fit doucement tomber sur le propos de la maladie d'Arpalice, qu'il fit tout exprés plus grande qu'elle n'estoit: Cela, reprit Gotzbert, viendroit bien mal à propos maintenát que ie suis sur le poinct d'acheuer son mariage. Et si ce mariage en estoit la cause, repliqua Sturme qui parloit à son Maistre auecque beaucoup de liberté, ce ne seroit pas là le moyen d'en arrester le cours. Comment cause, repartit Gotzbert, seroit il bien possible que cette sotte n'eust pas des yeux pour connoistre les merites de ce ieune Cheualier, la fleur & l'élite de nostre Cour, & pour reconnoistre les grands aduantages qui luy reuiendront de ce party. Seigneur, respondit Sturme, il est mal-aisé de faire ce iugement à vne ame préoccupée; ce n'est pas qu'elle n'estime comme elle doit les vertus & les belles qualitez d'Vlric, mais si ses inclinations sont ailleurs voudriez-vous forcer sa liberté, & exercer sur sa volonté vne espece de tyrannie. Tyrannie, reprit Gotzbert, ce n'est point de ce nom qu'il faut appeller la legitime & naturelle auctorité des peres sur leurs enfans, & quoy appartient-il à vne fille de regarder par d'autres yeux & de vouloir par vn autre choix que celuy de son pere? Seigneur, dit Sturme, il y a des choses qui vrayment se deuroient faire, & qui tousiours ne se font pas ainsi qu'il seroit requis, si la ieunesse estoit bien consideree elle iroit sans doute selon le train que vous

HISTOIRE I. 95
dites, mais souuent les passions l'écartent de son deuoir. Ces paroles ambiguës aiguiserent la curiosité de Gotzbert, & le firent presser Sturme de parler plus clairement. Que faites-vous bon-homme, vous ressemblez aux jaloux qui cherchent ce qu'ils ne voudroient pas trouuer. Apres quelques excuses qui ne faisoient qu'irriter son desir, Sturme luy fit promettre de ne se troubler point de ce qu'il auoit à luy dire, & de ne s'éporter point en des coleres soudaines, parce qu'en luy disant vn mal, au mesme temps il luy en descouuriroit
E 3

le remede. Le rusé Sarmate merueilleusement en ceruelle de ce propos, se contrefit le mieux qu'il pût pour sçauoir quel estoit ce mal dont Sturme le menaçoit; & luy ayant promis tout ce qu'il voulut, resolut de ne tenir que ce qu'il voudroit, ce fidelle seruiteur auecque sa franchise ordinaire, sans beaucoup d'artifice ny de déguisement luy raconta les affections d'Arpalice pour Clearque, & sans en faire à diuerses pauses luy acheua tout le discours de cette miserable histoire, de leur mariage clandestin & de l'accouchemét d'Arpalice. Combien ce long & cruel narré essaya la patience du Sarmate, ie le laisse à conjecturer. A peine pût-il r'appeller ses esprits égarez, qu'aussi-tost les fumées du courroux éleuerent les vengeances en sa pensée, & comme le tonnerre se fait oüir auant que la foudre tombe, il s'emporta en vne infinité de menaces qui promettoient de furieux effects. Sturme auoit beau luy remettre en memoire ses promesses, c'estoit vn cheual desesperé qui ne sentoit plus la bride. Ie ne veux point emplir ce papier des extrauagances que la forcenerie tira de sa bouche, representez-les-vous par l'escume qui sort d'vn vase plein de vin nouueau. Sturme auoit beau luy representer la douceur paternelle, l'infirmité du sexe de sa fille, la force de l'Amour, l'ignorance de son âge, le deshonneur eternel dont il soüilleroit sa reputation s'il se tachoit de son propre sang, il estoit sourd à toutes ces remonstrances; & apres tout rien ne l'arresta que deux choses, l'vne la fuitte de Clearque sur qui principalement il vouloit descharger le faix de sa vengeance, l'autre, que plus il feroit de bruit de ce malheur d'Arpali-

ce, plus il se rendoit la fable du monde & la mocquerie de la Cour : car en fin on ne fait qu'espandre des puanteurs en remuant des ordures. Apres auoir donc disputé long-téps contre les raisons & les supplications de Sturme, luy disant mesmes des iniures, & luy faisant des menaces comme complice de ce crime puis qu'il se bandoit si fort à en obtenir le pardon, il s'aduisa tout à coup de feindre que sa fougue fust passée, & de se laisser doucement aller aux persuasions de ce vieux & fidelle seruiteur. Et quoy, luy dit-il, tu veux que ie demeure
E 5

sans vengeance, & que ie souffre vn affront & vne telle indignité d'vn valet sans aucun ressentiment ; croy-tu que ie sois plus insensible qu'vne beste, & stupide comme vn tronc. Seigneur, respondit Sturme, ie vous auoüe que la faute est d'autant plus grande que celuy qui la commise est petit, & que sa temerité s'accroist par la bassesse de sa condition & la grandeur de la vostre: mais quand vous considerez qu'vne petite Remore arreste vne grande nauire, qu'vne petite vipere peut faire mourir vn grand toreau, vous ne vous estónerez point qu'vn petit compagnon ait offencé vn grand Seigneur: L'ambition & l'Amour sont deux passions qui font entreprendre à plusieurs Phaëtons de conduire le chariot du Soleil: Vous estes grand, l'iniure est grande, il est petit, il est chétif ; c'est le propre des Lyons genereux de pardonner aux moindres animaux. Clearque doit estre digne de vostre pardon par la mesme raison qui le rend indigne de vostre colere. La magnanimité & la patience n'éclattent qu'en pardonnant les grands outrages, & en soustenant les grands desastres. On dit que le scorpion écrasé sur la playe qu'il a faite la guerit, & que la vipere mise en poudre sert d'antidote à son propre venin : Si le sang de Clearque pouuoit lauer la tache qu'il a faite à l'honneur de vostre fille, ie voudrois estre le premier à le saigner de toutes ses veines & à le reduire en poudre pour la reparation d'vn si grand mal, mais puisque tout au rebours c'est la conseruation de sa vie qui peut conseruer l'honneur d'Arpalice en guerissant cette folle Amour par vn mariage legitime, il me semble que la prudence vous doit faire choisir le party du pardon pluftoft que celuy de la vengeance. Veu que celuy-là remettra les chofes en bon eftat, & celle-cy ne peut que les empirer & accroiftre la honte : Ioint que celuy-là eft le propre d'vn courage plein de bonté & de generofité, celle-cy d'vne ame vile & impuiffante: Et plus vn homme eft éleué en dignité, plus doit-il eftre porté à la debonnaireté & à la mifericorde. Comment, repliqua Gotzbert, ie prendray donc pour gendre vn trompeur, vn feducteur, vn mefchant qui a bien ofé leuer les yeux vers la fille de son Maistre, vers vn ingrat qui en mangeant mon pain m'a si laschement affronté; & ie tiendray pour fille vne perduë, vne abandonnée, vne impudique, le funeste flambeau de la gloire de ma maison: ce ne seroit pas estre prudent & bon, mais simple, fat, & ridicule que de souffrir vne telle vergongne sur mes yeux: au contraire ie veux faire sentir à l'vn & à l'autre la pesanteur de mon bras, & leur faire connoistre la grandeur de leur crime par l'excez de la peine que ie leur garde. Seigneur, reprit Sturme, encore que vous ayez les mains bien longues, & que vostre puissance s'estéde bien loin, Clearque ayant la clef des champs peut auoir encore les iambes plus longues & se monstrer si vaillant à la fuitte que vostre colere perdra l'haleine auant que de le ioindre. Pour vostre fille & la fragilité de son sexe, & l'honneur qu'elle a d'estre vne portion de vostre sang, la pareront comme ie croy de la fureur de vos coups. L'eminence des grands ne se fait pas voir par la grandeur de leurs vengeances, mais par celle de leur courage & de leur bonté. Que s'il y a plus de gloire pour eux de se vaincre eux-mesme que de forçer des villes, d'abbattre des murailles & de terrasser des ennemis; cōbien r'abbatent-ils de cette estime quād ils se laissent trāsporter à l'impetuosité de la fureur, & quand ils la deschargent sur des personnes sans resistance. Si toutes les vertus consistent en des actions difficiles, la valeur plus que toute autre, puisqu'elle a la victoire pour objet, & la victoire n'est iamais sans combat: Que si par elle l'homme s'éleue au dessus d'vn autre hóme, combien est plus excellent celuy qui par l'humanité s'éleue au dessus de soy-mesme : Car à le bien prendre il n'est point de place si forte ny de si puissante armée qui ne puisse estre vaincuë par le fer, le feu, & la violence d'vn plus grád pouuoir, mais se surmóter soy-mesme, gourmáder sa colere, donner le pardon à qui merite d'estre chastié, & dans le courroux ennemy iuré de la prudence & de la raison, faire paroistre vn sens rassis & témoigner de la pieté, de la pitié & de la clemence, ce sont des traits qui éleuent vn homme de la terre, le portent dans le Ciel & le rendent voisin de la diuinité. Et c'est-là cette vraye victoire qui merite les palmes, les lauriers & les triomphes; victoire toute nostre, & qui ne se partage point auecque les soldats, les armes & la fortune, & qui hausse la teste de celuy qui la remporte iusque dans les estoiles. Il est bien aisé, repliqua Gotzbert, de donner quand on se porte bien des conseils aux malades : si tu estois en ma place tu te rirois des raisons que tu m'allegues, elles ne sont pas bonnes à vn esprit si outré que le mien : & si ta fidelité ne m'estoit connuë de longue main ie te croirois partisan de mon malheur, puisque tu te

Histoire I. 109

mets tant en peine de r'abattre les pointes de ma iuste colere : mais ie veux pardonner à ton zele, bien qu'indiscret, & me persuader que le tendre sentiment que tu as pour cette fille, toute mal-heureuse qu'elle est, te fait parler pour elle, & que t'ayant gaigné par sa cajollerie, elle t'a fermé les yeux sur l'infamie de son procedé. Mon Maistre, reprit Sturme, ie prens à tesmoin celuy qui void les cœurs, & à qui les pensées sont manifestes, que l'honneur de vostre maison & la passion que i'ay pour vostre seruice, sont de plus puissans motifs à mon courage que n'est la consideration de vostre fille, que ie n'estime que par l'honneur qu'elle a d'estre sortie de vous: Ce n'est pas que son imbecilité naturelle ne me donne de la compassion, & telle que ie voudrois pouuoir par la perte de ma vie reparer la faute qu'elle a faite, mais l'apprehension que i'ay que l'excez du courroux ne vous précipite à faire vne punition plus grande que le crime, & que cette seconde erreur ne soit pire que la premiere, m'a fait vous conjurer de vous souuenir de ce que vous m'auez promis auant que ie vous annon-

Histoire I.

çasse cette mauuaise nouuelle, ayant au reste si peu participé à ce desastre qu'il n'y a pas vn iour que i'en suis aduerty. Que si vous me permettez de vous apporter (selon la promesse que ie vous en ay faite) les remedes au mal que ie vous ay naifuemét decouuert, vous iugerez de quelle sincerité ie marche aux choses qui regardent voStre seruice. Ayant obtenu de Gotzbert congé de dire ce qu'il voudroit auec asseurance qu'il seroit receu de bonne part, pensant auoir remis l'esprit de son Seigneur en vne assiette plus tranquile. Si ce qui vous picque le plus, continua-til, est la trahison que vous estimez vous auoir esté faite par Clearque, encore que ie ne vueille pas iustifier cette action que ie tiens extremement blasmable, si est-ce que comme les peintres ont des traits de pinçeau dont ils adoucissent les defauts des personnes moins belles, il y a aussi des biais pour considerer cette temerité qui la rendront moins odieuse : il ne faut pas prendre les tisons par où ils brûlent, ny les torts par où ils blessent dauantage. Si c'est la volonté qui offence, ce ieune aueugle n'en a eu aucune de vous outrager : ce n'est pas qu'indirectemét il n'ait commis en vostre maison ce qui en vn domestique ne peut estre corrigé que par la perte de la vie, mais directement il n'a eu aucun desir de vous faire vn affront. Tant s'en faut donc qu'il ait commis vne trahison contre vous, qu'il a esté luy-mesme trahy le premier par son sens, qui se reuoltant contre sa raison l'a transporté hors des bornes de son deuoir & de la bien-seance. Qui est-ce qui s'offence du heurt que luy fait vn aueugle, & qui n'a plustost de la compassion que du dépit du defaut de celuy qui est priué de la lumiere qui nous guide. Que s'il n'a point commis de trahison deliberée mais par surprise, beaucoup moins a-til rauy l'honneur à vostre fille & à vostre famille, puis qu'il ne l'a iamais possedée que sous le voile de mariage qui, bien que clandestin, ne laisse d'estre en quelque façon mariage, l'vnion des corps n'ayant que suiui celle des volontez. Mais il deuoit penser à l'inégalité de leurs conditions, hé! Seigneur, ne voyez-vous pas que le bandeau de l'Amour empesche ce discernement, & que cette passion

HISTOIRE I. 115
passion abbaissant les plus grands vers les moindres, éleue les petits vers les plus grands pour trouuer cette égalité que l'Amour fait au rencontre. Mais Clearque est vn seruiteur, & l'amour d'Arpalice l'a rendu maistre & l'a faite esclaue, ignorez-vous que l'Amour a des empires & des diadêmes pour les aimez, & des cordages & des liens pour ceux qui aiment. C'est doncques Arpalice qui l'a préuenu en cette affection, ie ne le sçay pas au vray, mais l'excez de son amour la porte à auoüer que c'est elle qui l'a premierement

F

aimé, & que sans cela Clearque ne fust iamais sorty des limites de la modestie. Elle est doncques doublement punissable. Mais voudriez-vous exerçer de la cruauté contre vostre sang. La delicatesse & la foiblesse du sexe le rend-il pour cela insensible aux mouuemens de cette passion, & quelque retenuë qu'on luy presche ne sont-elles pas susceptibles de ce feu subtil qui se glisse imperceptiblement dans les ames plus accortes: au contraire, comme la flamme se prend plustost en vne matiere legere comme la paille, qu'en vne dure & ferme, aussi en la mignardise de ce sexe qui n'est qu'infirmité, cette ardeur doit faire vn plus grand rauage. Que si la poursuitte a commencé par Clearque, vous deuez auoir d'autant plus de pitié de l'vn & de l'autre; de celle-cy par son imbecilité, de l'autre pour auoir esté vaincu par vn objet capable de donner l'allarme à vne continence Stoïque. Que si vous adioustez aux charmes de la beauté & du plaisir le lustre d'vne eminente fortune & d'vne alliance releuée, se faudra-til estonner si cet oyseau niais a donné dans les rets où tant d'autres se précipitent. Que si nous deuons mesurer autruy sur nous-mesmes : Ie voudrois bien sçauoir Seigneur, si vous estant de son âge eussiez esté recherché & secondé en vostre recherche par vne Reyne ou quelque grande Princesse, auecque l'esperance d'vn Royaume ou d'vne Principauté, si vous eussiez esté si ennemy de vostre bonne fortune que de rejetter vne telle occasion, en vous considerant comme sujet de cette Reyne, ou inferieur en naissance & en rang à cette Princesse qui vous eust fait l'honneur d'abbaisser ses yeux sur vous, Ou si vous n'eussiez pas plustost, animé d'vn beau sang, estimé qu'vn Gentil-hóme de courage peut aspirer à tout ce qu'il y a de grand dans le monde, & qu'il doit pousser sa fortune iusques où elle peut aller, vous n'eussiez pas manqué d'exemples pour cófirmer vôtre opinion, & pour faire voir combien de petits cópagnons se sont éleuez sur les plus hauts & souuerains theatres de la terre, l'Escriture mesme vous eust fait voir vn Berger pretendant pour vn coup de fonde aux nopces de la fille d'vn Roy, & venát en fin par cette alliance à la succession de sa couronne.

Mais sans aller si loing & sans chercher des euenemens si disproportionnez, auez-vous oublié celuy qui nous fut l'autre iour raconté à la Cour qui fut admiré d'vn chacun, & qui mit la loüange de la prudence & de la generosité de Venceslas en la bouche de tout le monde. Venceslas Seigneur Moraue, & dont les Ancestres ont esté Palatins, auoit sa fille Verinete belle comme le iour, & recherchée en mesme temps d'Etan Gentil-homme du pays de Morauie, & de Frosin Seigneur de Prusse. Celuy-là par vne connoissance & pratique de longue main s'estoit tellement insinué dans les affections de Verinete qu'elle ne respiroit que pour luy, lors que Frosin de plus haute qualité & de plus ancienne race parut entre les competiteurs & commença à effacer par sa splendeur tout le lustre d'Etan, Venceslas qui ne regardoit qu'aux interests generaux que le monde estime, non aux particulieres inclinations de sa fille, pancha aussi-tost du costé de Frosin : Et non content de luy permettre la recherche honorable de sa fille, y adiousta la promesse qu'il n'y perdroit point son temps & qu'il la feroit succeder selon son desir. Sur cette asseurance Frosin commença à cingler comme sous vn vent prospere dans la plaine mer des honnestes desirs pour arriuer au port du mariage. Les parens du ieune Seigneur furent incontinent d'accord auecque Venceslas touchant les conditions de cette alliance, il n'y auoit plus qu'à faire les formalitez. Le pere presse la fille de luy obeïr, pour couurir la vraye cause de ses delais elle feint des excuses peu receuables. En fin elle confesse qu'elle est préuenuë d'vne autre affection, qu'elle a donné depuis vn long-temps son cœur à Etan, que luy arracher cette inclination du cœur c'est luy oster le cœur de la poitrine, qu'elle ne s'en peut défaire sans mourir non plus que de son ame, que pour cela elle ne méprise pas les dignitez ny les vertus de Frosin, qu'elle souhaitte à vne autre qui sera plus heureuse qu'elle: Que s'il faut qu'elle passe sa vie auec vn autre qu'Etan elle coulera ses iours en misere, qu'elle supplie qu'on luy permette l'alliance de celuy-ci, & qu'on la dispense de l'autre si l'on veut son contentement où elle loge sa felicité,

Le pere engagé de parole ailleurs ne veut point entendre à Etan, mais tempeste & tourmente sa fille pour la ranger à sa volonté. Reduite en ces extremitez & Etan au desespoir, cestuy-ci luy propose le rapt qui fut suiuy du consentement de cette fille. Ils s'écartent pour quelque temps & contractent vn mariage qu'ils consument pour oster tout espoir à Frosin de posseder Verinete. Venceslas outré de dépit tonna mille menaces sur cét enléuement, & se proposoit de lancer plus de traits de sa colere contre Etan que le Ciel ne darda de foudres contre les Geants: mais en fin perſuadé par ſes amis, & par le meilleur de tous les conſeillers qui eſt le temps, il a pardonné à ſa fille par la ſeule conſideration du ſang dont la force ſurpaſſe toute raiſon, & à Etan qu'il a mis en ſa grace & receu pour ſon gendre, non tant pour conſeruer l'honneur à ſa fille en approuuant ce mariage (penſée que la cōmune prudence dicte aux moins iudicieux) mais principalement parce que par cette action violente il auoit monſtré l'excez de ſon Amour, excez qui luy auoit rauy le cœur au pa-

F 6

rauant qu'il rauiſt le corps de Verinete. Au lieu donc d'auoir recours au fer, au feu, aux priſons & à la vengeance, cóme ſon dépit & ceux qui le flattoient en cette mauuaiſe humeur luy pouuoient conſeiller, il embraſſa ce gentil courage d'auoir oſé ſe mettre en vn tel hazard pluſtoſt que de ſe voir oſter la belle cauſe de ſa paſſion. Et depuis il a receu tant de reſpects & de ſeruices de ce gendre qui a reconnu tenir de ſa ſeule courtoiſie les biens, la vie, l'honneur & le contentemét, qu'il remercie le Ciel d'auoir changé en bon-heur ce qu'il auoit tenu pour vn desastre irreparable. Il a esté estimé d'vn chacun pour vn acte de si signalée bonté, au lieu que la vengeance l'eust diffamé par toute la terre. Mais, repartit Gotzbert, tu ne dis pas que plusieurs estiment qu'il a fait vertu de la necessité, & que ne pouuant auoir sa raison autrement il la prise comme il a pû. Si vous appellez, repliqua Sturme, prédre vengeance, prendre sa raison, vous trouuerez peu de personnes aduisées qui passent de vostre costé en ce langage, puis qu'il n'y a rien de si déraisonnable que la vengeance, ny rien de si conforme à la raison que la debonnaireté & le pardon des iniures. Mais Etan estoit d'assez bonne maison, dit Gotzbert. Mon Maistre, repartit soudain Sturme, c'est à ce pas que ie vous attendois. Si vous appellez bonne vne riche maison, il s'en falloit beaucoup qu'Etan n'approchast des richesses de Frosin. Si vous entendez ce mot de la Noblesse, il s'en falloit tout que la race d'Etan ne fust comparable à celle de Frosin. Si des tiltres de mesme, & pour reuenir de là à ce qui vous touche encore, que Clearque soit en vostre maison comme domestique, si est-il Gentil-homme & d'autre qualité que de simple valet, il vous a suiuy en cette condition, & il est fils d'vne Damoiselle si pleine d'honneur que vous luy auez confié la conduite de vostre fille, que si vous estimez qu'elle ait esté trop negligente à la conseruer, & qu'elle ait esté d'intelligence pour la perdre, ie sçay tres-asseurément que la bonne femme a esté trompée la premiere, & que le feu des Amans est si subtil qu'il leur donne les inuentions pour deçeuoir les gardes les plus vigilantes, la vieillesse la plus accorte, & les yeux mesmes des peres & des meres. Que si Clearque n'est pas sorty d'vne maison si riche ny de si ancienne race, quelles mesures prenez-vous-là pour estimer ou pour mespriser vne personne, n'y a-til que les riches & les nobles de vieille race qui soiét galands hommes & capables de vertu: Qui ne voit tous les iours que la fortune aueugle distribuë ses biens aux plus sots ne les pouuant enrichir de merites Et quant à l'antiquité de la race, ie croy que son estime ne prouient que d'vne fausse opinion, & qu'il vaut beaucoup mieux entrer en

hoblesse que d'en sortir, &
estre le premier que le dernier
noble de sa race : Car laissant
à part l'incertitude des genea-
logies, dont on ne peut auoir
d'autres tesmoings que des
pancartes pourries ou quelques vieux marbres & mo-
numens, & encore cette raison éuidente que nous tirons
tous nostre origine d'vn mesme estoc & sommes freres en
Adam. Qui a iamais pensé
que le temps qui corrompt &
altere toutes choses fust celuy
qui rendist illustre la Noblef-
se, cóme si les rides donnoient
de la beauté, comme si les ruif-
seaux n'estoient pas d'autant

moins clairs, & purs que plus ils sont éloignez de leur source. Au contraire, les fleurs nouuelles & les fruicts nouueaux ont plus d'éclat & de prix, & pourquoy non vne noblesse nouuelle. Que si la Noblesse prouient de la vertu, vne vertu naissante ne sera-t'elle pas plus estimable qu'vne mourante, comme les rayons du Soleil qui se leue sont plus agreables & rians que ces languissans & pasles qu'il lançe quand il se couche, vne ieune plante, vn ieune animal, en vn mot la ieunesse qui est le printemps de l'âge ne sont-ils pas plus estimez que la vieilleſſe qui n'eſt autre qu'vn froid hyuer la mort de tous les plaiſirs. Voulez-vous que ie vous die franchement & auecque cette liberté de parler que vous me donnez auprés de vous depuis tant d'années, l'antiquité de la race ne me ſemble autre choſe qu'vn redoublement de vergongne à celuy qui ne ſouſtient point auecque les biens les dignitez & les vertus, les richeſſes, les grades & les merites qui ont rendu ſes predeceſſeurs illuſtres. Au reſte ne vous ſera-ce pas plus de gloire de donner par voſtre alliance du luſtre à vn gendre, & de l'éleuer de la bouë à l'honneur de vous appartenir, que d'en prendre vn de qui vous-mesmes esperiez de l'appuy, & qui pense vous obliger en s'attachant à vostre sang. Ce n'est pas que ie vueille par ce discours diminuer d'vn seul poinct la reputation que le merite d'Ulric s'est acquise en vostre estime & de toute la Cour, & que si les choses estoient comme elles deuroient estre ie ne desirasse de voir acheuer auecque luy l'alliance que vostre sagesse auoit projettée : mais puisque ce qui s'est passé ne se peut reuoc-

HISTOIRE I. 135

quer, il me semble qu'il vaudroit mieux amoindrir le mal que l'agrandir par des fureurs & des vengeances Que si lors qu'vne femme accouche le mary reçoit de la main du Ciel le fruict qui en prouient, soit masle soit femelle, soit beau, soit laid, & pour imparfaict que soit vn enfant le pere ne laisse de l'aduoüer pour sien, pourquoy à pareil air ne receuez-vous pas le gendre, que non vostre choix, mais la fortune vous enuoye, peut-estre pour quelque bien que le Ciel vous cache & ne veut pas vous faire si tost sçauoir.

Que si les biens de la fortune manquent à Clearque, vous pouuez le rendre riche de ce que vous auez de superflu, & ie suis bien trompé si vostre fille n'aimeroit mieux vne pauureté contente qu'vne richesse desagreable. Et quand bien il abonderoit en tresors & en possessions, quelle asseurance voudriez-vous mettre en des choses si fresles & passageres, qui ne sçait que ces choses vont & viennent comme ces flots qui battent les riuages, & que tel en est chargé auiourd'huy qui en est vuide demain ; que de riches sont deuenus mandians, que de pauures sont arriuez à l'opulence. Vn homme sans biens est preferé par les Sages à des biens sans homme. De moy ie n'ay iamais estimé qu'vn homme en fust meilleur pour auoir beaucoup. La seule vertu fait la vraye valeur, c'est le seul bien stable que l'homme possede, c'est la seule qualité qui le rend noble. La pauureté honneste accompagnée de vertu a tousiours esté plus prisée que les sceptres & les diadêmes. Si l'inconsideration & la temerité de Clearque n'auoient point soüillé tant d'autres bonnes parties, qui d'ailleurs

le rendent estimable, ie pourrois le priser par où il merite de l'estre: mais s'il peut obtenir pardon de vostre bonté & entrer en vostre grace, ie me veux persuader que ce bonheur le portera à des actions si genereuses, qu'il recompensera par la gloire de ses beaux faicts l'imprudence de sa ieunesse: Et alors vous serez bien aise de luy auoir esté indulgent, & que le Ciel vous ait fait contre vostre sens élection d'vn tel gendre. Il est bien mal-aisé, reprit Gotzbert, sur l'espoir des satisfactions futures de pardonner les iniures presentes: Iniures
d'autant

HISTOIRE I. 139
d'autant plus sensibles quand elles procedent d'vne personne que toute sorte de raisons obligeoient à me respecter & à me seruir : Iniures d'autant plus signalées qu'elles touchét de plus prés la reputation de nostre famille, il est difficile en de telles occurrences de brider le courroux par la raison. Ouy certes, repartit Sturme, en ces ames basses & vulgaires de qui le sentiment est le maistre, & qui n'ont aucun empire sur leurs passions : mais les grandes & genereuses se gouuernét par d'autres maximes, & la prudence porte en elles le flambeau dans les tenebres de

G

la fureur. Et si ie ne reconnoissois que la vostre est de ce dernier rang, ie n'eusse iamais entrepris de vous faire les remonstrances que ie vous ay faites, & que i'espere ne deuoir point estre inutiles. Que si vous n'estes émeu au pardon par la consideration de Clearque, comme sa faute estant incomparablemét plus grande que ses seruices, au moins soyez-y porté par celle de vostre fille, qui vous le demande par ma bouche & par les pleurs enfantins de cet innocent, qui né de ces nopces clandestines ne laisse de vous appartenir, & qui n'est point coulpable de l'erreur de ceux qui luy ont donné l'eſtre. Encore que la mention de ce chetif enfant iettaſt pluſtoſt de l'huyle que de l'eau ſur le feu de l'indignation de Gotzbert, ayant neantmoins deſſein de tromper Sturme, & au lieu qu'il ſe vouloit rendre entremetteur de paix le faire l'inſtrument de la vengeance qu'il projettoit, il feignit d'eſtre attendry par vn ſecret ſentiment de la nature, & encore que les perſuaſions de ce bon ſeruiteur n'euſſent rien gaigné ſur l'obſtination & la dureté de ſon courage, il diſſimula ſon veritable ſentiment

G 2

pour se monstrer vaincu par les raisons auancées, & disposé à la reconciliation. Les Princes qui veulent tromper leur voisin par quelque traitté, trompent premierement les Ambassadeurs qu'ils enuoyent, afin que ces Negotiateurs trompez eux-mesmes trompent plus facilement quand on les void agir sincerement & de bonne foy. Si Gotzbert n'eust deçeu Sturme, iamais il ne luy eust seruy à faire donner Clearque dans les pieges qu'il luy vouloit tendre, ny eu entre ses mains cet enfant innocent dont il veut faire une boucherie aussi sanglante que du pere. Ayant donc fait paroistre un faux calme sur son visage, auant-coureur d'une horrible tempeste, & fait croire à Sturme que pour l'amour naturelle qu'il portoit à sa fille & à son petit fils il pardonnoit à Clearque, & le vouloit receuoir en son amitié & en son alliance. Sturme luy dit, Seigneur, outre l'incroyable estime que ie fay de cet acte de bonté que vous tesmoignez en cette victoire de vous-mesme, ie me sens particulierement vostre obligé de ce qu'il vous a plû defferer à mes prieres & à mes conseils, qu'il me semble que l'abolition de cette faute amoureuse me tient lieu de recompense. Ie ne manqueray donc pas d'aduertir Clearque & Arpalice de cette faueur que vous leur faites, & de les faire paroistre deuant vous auecque vostre petit fils pour receuoir la benediction de vostre adueu, qui rende leur hymen aussi honorable que legitime. Mais, Seigneur, il mê semble qu'il seroit à propos auparauant de trouuer quelque moyen de renuoyer Vlric à la Cour ou chez ses parens, soit sous le pretexte de la maladie de voſtre fille, ſoit par la difficulté de quelque article des accords que vous pouuez faire naiſtre, & l'enuoyer chez-luy pour le faire approuuer par ceux à qui il appartient, quand il ſera party nous ne manquerons pas d'inuentions pour empeſcher qu'il ne reuienne. Ie ſerois meſme d'aduis que vous enuoyaſſiez Kilian auecque-luy, comme pour acheminer à ſa fin l'affaire que vous aurez renduë difficile. Gotzbert qui ne vouloit pas que les yeux de ſon fils ny d'Vlric fuſſent teſmoings de la cruauté qu'il vouloit exercer sur Clearque trouua ce conseil à son gré & promit à Sturme de l'executer: Surquoy ils se separerent auecque des pensées bien differentes. Sturme loüoit Dieu de ce qu'il auoit, selon son iugement, si puissamment agy sur ce cœur naturellement farouche & vindicatif, en sorte qu'il auoit mis la pitié en la place de la rigueur. Mais Gotzbert se mocquant en luy-mesme de la simplicité de ce domestique, il tenoit pour des chansons & des réueries toutes les raisons qu'il auoit opposées au desir qu'il auoit de se vanger. Quel homme au monde, disoit-il, pourroit estre si lasche que de souffrir impunément vn si grand affront, ce valet aura soüillé mon sang & mon honneur, & ie ne laueray pas cette tache dedans son sang ? il faudroit que ie fusse priué de iugement si i'en faisois d'autre sorte : Et ie ne croy point que personne à qui il reste tant soit peu de sens commun me puisse blasmer d'vn acte si genereux. Mais ie veux que ma vengeance soit signalée, que la memoire en aille iusqu'à la posterité, & l'estendre sur ce miserable germe de mon deshonneur sorty de cet accouplemét aussi honteux qu'illicite: Aussi bien les enfans portent-ils l'iniquité des peres plus auant que la premiere generation. Il est vray que ce chetif est innocent, mais il suffit qu'il soit enfant d'vn pere traistre & desloyal, & qu'en pourrois-ie attendre que perfidie & trahison, puisque les ruisseaux ordinairement sont semblables à leur source ? & quand il deuroit estre le meilleur du monde, en forlignant de la malice de ceux qui l'ont engendré, pourrois-ie souffrir en mon œil cette maille, & sur mon visage cette tache infame de ma race deshonorée?

qu'il meure donc, aussi bien l'affront qui m'est fait à son occasion n'est pas de ceux qui se puissent effacer par vne commune vengeance, il faut que la mienne s'estende plus auant que sur les autheurs: Mais que feray-ie de ma malheureuse fille, si ie dois appeller ainsi cette paillarde, l'infamie de ma maison, pourray-ie bien m'empescher de donner la mort à celle qui a si laschement abusé de la vie que ie luy ay donnée: Certes si ie l'espargne ce ne sera pas pour sa consideration, car elle merite plus d'vne mort, mais pour la mienne propre qui n'aurois pas le cœur de déchirer en elle mes propres entrailles, & puis quelque grande que soit sa faute ie ferois tousiours blasmé de l'auoir tuée : Mais si ie me puis vanger sans cela ne rendray-ie pas mon action plus memorable ? & ie le puis en luy faisant tirer des sujets de douleur pires que la mort des mesmes lieux qui estoient les objets de ses ioyes. Si ie la faisois mourir d'vn seul coup, ie ferois finir tous ses desplaisirs, & puis la mort est pluſtoſt recompense que peine à vne personne qui ne peut trainer qu'vne vie honteuse & pleine d'opprobre. Ie veux donc la laisser en vie, & exposer à ses yeux les testes de son fol mary & de son enfant, dequoy ie veux croire que receuera tant d'ennuy, que viuante elle portera enuie à ces morts qu'elle estimera plus heureux qu'elle. Cette veuë se grauant en sa pensée luy donnera tous les iours autant de morts qu'elle respirera de momens, ainsi ie combleray la mesure de ma vengeance. C'est-là ma resolution, & pour l'executer ie veux bander toutes mes subtilitez & toutes les facultez de mon ame. C'estoient-là les sanglantes imaginations du cruel Samogite, tandis que Sturme chantoit tout à la bonne foy vn langage bien different aux oreilles d'Arpalice. Les oyseleurs ne font iamais si belle prise que quand les oyseaux sont en amour, parce que contrefaisant les appeaux des masles ou des femelles ils font venir par cette industrie ces pauures animaux dans leurs filets. Il vint donc trouuer cette fille, à qui d'vn visage riant il dit, Victoire ma Maistresse, victoire, ce cœur imployable de Gotzbert est dompté, ie l'ay rendu par

HISTOIRE I. 153

mes prieres & mes raisons aussi souple que i'ay voulu: Il pardonne à vostre ieunesse & à vostre Amour, il veut renuoyer Vlric à la Cour auecque vostre frere sous quelque specieux pretexte, & vous mettre entre les bras aimez de vostre Clearque le recon-noissant pour gendre, & receuant vostre enfant pour son petit fils. Sturme, respondit Arpalice, si ie t'ay autrefois tenu pour mon nourrissier, ie te tiens maintenant pour mon vray pere, & ce qui me restera de vie ie la veux tenir de toy: mais mon cher pere, me puis-ie asseurer sans soupçon de tant de felicitez que tu m'anonçes à la fois, si ie regarde ma misere i'ay sujet de craindre & de croire que pour ne m'espouuanter pas tu contrefais l'homme content, mais la longue experience que i'ay de ta franchise me fait croire à ta parole comme à vn Oracle, & prendre tes mots selon leur propre son. Ie parle auec simplicité, reprit Sturme, ainsi Dieu m'aime, & ainsi ie puisse demeurer en vos bonnes graces: mais pour ne vous rien déguiser, ce n'a pas esté sans vne longue contestation que i'appellerois presque du nom de bataille, que i'ay rangé ce courage fier & violent aux termes de la moderation & de l'humanité. Alors il luy raconta sommairement ce long pourparlé que nous venons de déduire, les fascheuses resistances de Gotzbert, les assauts de ses menaces, les boüillons de sa colere, les fureurs de son esprit, & en fin la glorieuse victoire qu'il croyoit auoir emportée sur sa rage, en l'amenant doucement au pardon & à la douceur. Gerberge estoit presente à ces nouuelles qui ne s'en pouuoit réjouyr, soit qu'elle eust ouy chanter vne corneille à gauche, ou que son Genie luy présageast vn mal tout contraire à tant de bien que Sturme leur promettoit : La tristesse luy pressoit le cœur au milieu de l'extreme allegresse que tesmoignoit Arpalice (aisément persuadée selon la coustume de, Amans de ce qu'elle desiroit) & elle craignoit qu'il n'y eust vn hameçon caché sous tant d'appast & de l'absinthe sous tant de miel, & à dire la verité, les soudaines prosperitez estonnent autant les miserables, comme vne grande lumiere des yeux qui viennent d'vne longue & profonde obscuri-

HISTOIRE I. 157

té : Elle ne se pût tenir de tesmoigner son triste ressentiment par ses paroles, & blasmant la trop facile credulité d'Arpalice elle fit voir qu'elle ne tenoit pas pour certain ce que Sturme auançoit. Dequoy cet homme fasché, iugeant que cette deffiance offençoit la sincerité de son entremise : Voulez-vous, luy dit-il, estre ennemie de vous-mesme, & en me croyant perfide à ma Maistresse troubler son contentement par vos iniustes soupçons : Connois-ie moins que vous l'humeur de Gotzbert, estimez-vous que ie ne puisse pas reconnoistre à ses paroles ses feintes ou ses veritez, ignoray-ie par quelles raisons i'ay vaincu son obstination, ne vous ay-ie pas fait voir que ie l'ay amené au pardon de cette faute par son propre interest, pensez-vous auoir plus d'amour pour Clearque vostre fils, & en suitte plus de crainte que moy pour Arpalice ; il est vostre fils naturel, mais celle-cy est la fille de mon cœur, & pour qui ie donnerois plus librement mon sang & ma vie, que vous pour Clearque. Voulez-vous pour des ombrages troubler vostre propre feste, & vous priuer d'vn bien

HISTOIRE I. 159

veritable pour vn mal imaginaire : Aymez-vous mieux que vostre fils soit vagabond & fugitif par le monde, que de le voir gendre de ceans en delices & en honneur auecque sa femme. O mere tu ressembles au singe qui par excez d'amour donne la mort à son petit. Soit que mon cœur soit trop estroit pour contenir tout à coup tant de bien que ie desire plus que ie n'espere, repliqua Gerberge, soit que ie redoute les reuers de la fortune qui ne presente le pain que pour ietter la pierre, soit que ie craigne l'humeur sauuage de Gotzbert, & que son courroux ne serue d'excuse à son inconstance, i'ay de la peine à me promettre tant de felicité, non que ie me deffie de vous ny que ie reuocque en doute la verité de vos paroles, mais i'apprehende que vous-mesme ne soyez trompé en vostre iugement, & que donnant le premier dans les filets vous ne nous trainiez apres vous dans la tonne. C'est grand cas, repartit Sturme, de l'humeur des femmes, la peur est en elles vn mal incurable, parce qu'il prouient de l'infirmité qui leur est naturelle, cette peur leur fait des-

HISTOIRE I. 161
esperer de tout : cependant si nous voulons que le bien nous arriue, il le faut attendre ou pluftoft luy aller au deuant auecque l'escorte de l'espoir. Ie ne veux point, dit Gerberge, estre oyseau de mauuais augure ny troubler les contentemens de ma fille, ie prie le Ciel que mes apprehensions soient vaines, que mes soupçons s'en aillent au vent, & que vos esperances soient aussi fermes que ie les desire, puisque ie dois auoir si bonne part à cette felicité. Il y a si long-temps, reprit Sturme, que ie suis aupres de Gotzbert, que ie ne connois

pas les mouuemens de son esprit seulement par ses paroles, mais encore par ses contenances, & ie vous puis asseurer que s'il me trompe il sera le plus dissimulé de tous les mortels ; ie n'ay rien remarqué que d'humain en ses gestes, & il se courrouçoit en homme qui ne desiroit rien tant que d'estre appaisé, il ressentoit l'offence qui luy a esté faite comme vn courage sensible à l'honneur, mais comme pere & encore comme grand pere il ne cherchoit que les moyens honorables de la pardonner, & aussi-tost que ie les luy ay ou-
uerts

uerts il y a donné les mains & la foy, foy qui est la vie des grandes ames, en la mesme sorte que les ames sont la vie des corps. Que si le corps est mort abandonné de son ame, vn homme n'est plus homme d'honneur qui manque à sa foy & à sa parole. Ce qui fait les Grands eminens entre les autres, n'est point la richesse, la Noblesse ou la dignité, comme la foy & la reputation ; de moy ie tiens que mon Maistre perdroit pluftost la vie & les biens que l'honneur, & son honneur est attaché à sa foy & à sa parole. Au demeurant si Clearque a

H

bien eu le courage de se hazarder à commettre vne si lourde faute, en aura-til à en demander le pardon, ie ne le croy pas s'il n'est ennemy iuré de sa bonne fortune. Arpalice encouragée par ces propos qui sortoient de la bouche de Sturme par l'abondance de son cœur, luy promit de le faire venir auecque son fils, quelque sinistre euenement qu'en présageast Gerberge. Durant ce temps Arpalice se tint enfermée comme fort malade, & comme fille qui en cet estat desauantageux à la beauté ne se vouloit pas monstrer à vn Amant

Histoire I. 165
pour ne causer du raffroidissement à sa passion. Ce fut ce qu'elle fit croire à Kilian, qui diuertissoit à dessein Vlric à d'autres exercices. Là dessus Gotzbert dresse certains articles, dont il vouloit que les difficultez fussent vuidées par les parens d'Vlric auant que de faire l'alliance, ce qui faschoit ce ieune Seigneur impatient de voir son desir retardé. Il fallut neantmoins ceder à la necessité, & tandis qu'Arpalice reuiendroit à conualescence faire le voyage qu'on desiroit de luy en Podolie, où il fut accompagné par Kilian Pilade insepa-

rable de cet Oreste. Tandis qu'ils iront, & qu'ils seront exempts de voir le tragicque spectacle de cette funeste auanture, c'est à nous de retourner les yeux sur les ruisseaux de sang qui vont au lieu d'encre couler de ma plume. Arpalice, colombe seduite par Sturme le premier trompé, fit sçauoir ces bonnes nouuelles à son Clearque, qui en fut tellement rauy qu'à peine fut-il assez fort pour soustenir l'assaut de cette ioye inesperée. Les soupçons ny les deffiances ne trouuerent point de place en son esprit tant il fut remply de la créance de son bon-heur, qui luy venoit d'vne personne dont les propos luy estoient des articles de foy. Aussi se resolut-il à l'instant de l'aller trouuer auecque son petit fils selon que l'en prioit Arpalice, pour se voir en la libre & glorieuse possession d'vn party où à peine pouuoient aspirer ses plus hautes esperances. Certes, disoit-il en luy-mesme, qui voudra considerer fixement la volubilité des choses humaines, verra clairement que le vent ne fait point faire tant de tournoyemens à la poussiere qu'il balaye, comme les hommes en font sur la roüe de la fortune. Il n'y a eſtat ſi heureux d'où il ne faille craindre de ſe voir tomber, ny ſi miſerable d'où l'on ne doiue eſperer d'eſtre releué : Parce qu'icy bas où tout eſt mortel, il n'eſt pas raiſonnable que les proſperitez & les aduerſitez ſoient immortelles. Sans ſortir de moy-meſme, ie trouue cet exemple & cette experience: Pauure Gentil-homme que ie ſuis, & au ſeruice de Gotzbert, ie penſois eſtre au plus haut du bon-heur d'eſtre bien-voulu de la fille de mon Maiſtre, iuſques à ce poinct d'eſtre fait ſon eſpoux, mais la recherche d'Vlric m'ayant plongé de ce faiste de felicité dans vn abisme de desespoirs & de craintes, ie m'en voy releué tout à coup par la main secourable d'vn amy fidelle, qui m'a faict non seulement obtenir pardon d'vne faute que ie tenois inexcusable, mais m'a fait receuoir pour gendre de Gotzbert, qualité que de sens bien rassis ie n'eusse iamais osé pretendre. O combien il est vray que la fortune aueugle aide à ceux qui luy ressemblent, comme font les Amans & les insensez. Certes sur le theatre du monde il faut oser pour s'auançer, à la Cour & à la guerre il n'y a que ceux qui se poussent qui entrent dans le temple de la gloire & de l'honneur. Ce qu'il pensa il le mit en effet, il prit son fils auprés de Derpt croyant que l'innocence mesme de cet enfant luy pourroit seruir de bouclier contre les traicts du courroux de Gotzbert, & s'achemina auecque cet agneau à la boucherie. Aueugle condition des hommes qui vont souuent auec allegresse moissonner des pleurs, & à la mort comme s'ils alloient à des nopçes. Introduict par Sturme en la presence de

Histoire I. 171

Gotzbert, auecque Arpalice qui tenoit son petit fils entre les bras, ces deux Amans se ietterent aux pieds de ce cruel pere, & par leurs larmes, langage plus coulant que les discours, luy demanderent pardon de leur erreur, le suppliant de le donner à son sang, à leur Amour, & à leur ieunesse, protestans outre vne eternelle redeuance à sa bonté, de luy rendre de tels deuoirs d'obeissance & de respects à l'aduenir, qu'il n'auroit point de regret d'auoir déployé sur eux sa misericorde. Ce courage plus que brutal ne fut nullement émeu de leurs souspirs ny de leurs prieres, ny destourné pour cela de son cruel dessein. Mais pour prendre sa vengeance plus à son aise il dissimula son project, & apres leur auoir fait vne longue & aspre reprimande de leur folle temerité & honteuse intemperance, il leur fit voir que leur offence estoit de celles qui ne se pardonnent que rarement, mais que les persuasions de Sturme aidées des sentimens de la nature, luy auoient fait prendre vn autre party, & contre son inclination fait pancher à la douceur, pardonnant au petit enfant pour son inno-

cence, à sa fille, à raison de son sang, & à Clearque, en consideration de sa fille, de qui l'honneur ne pouuoit estre reparé que par celuy qui en auoit esté le destructeur; Il le receut doncques pour gendre, & auoüa cet enfant pour son petit fils, approuuant leur mariage & leur promettant de leur faire sentir les effets de sa bonne volonté. Et pour dorer d'autant mieux l'amere pilule qu'il vouloit faire aualer à Clearque, il dit qu'il se vouloit seruir de luy pour le gouuernement de sa famille & de Gerberge sa mere pour la con-
H 6

duite de son mesnage. Quels furent les remercimens de Clearque, d'Arpalice, de Gerberge & de Sturme sur vne si courtoise reception & sur vne abolition si entiere, ie le laisse à conjecturer. Iusques icy ce ne sont que des fleurs, mais nous les allons maintenant arroser & de sang & de larmes. Et c'est en ce point où l'horreur me feroit souhaitter de reietter les cruautez que ie vay dépeindre ou par delà les monts Rifées, ou parmy les Tygres de l'Hyrcanie, ou parmy les Lyons d'Affrique. Si encore il se trouue des bestes si cruel-

HISTOIRE I. 175
les qui se saoullent du sang de leurs petits. Tandis que Sturme, Clearque, Arpalice, Gerberge chantent des Cantiques de resiouyssance dans leur departement, Gotzbert appreste auecque les satellites executeurs de ses sanglantes volontez vn theatre effroyable. Il enuoya chercher Sturme qui croyant que ce pardon qu'il auoit donné fust à la bonne, luy en fit des congratulations merueilleuses; Et Gotzbert luy dit, certes Sturme ie n'eusse iamais pensé que tes persuasions eussent eu tant de force sur moy, ny que i'eusse eu tant de pou-

uoir sur moy mesme. Mais quoy? le Ciel l'a ainsi voulu, pour mon contentement, ie ressens ie ne sçay quel plaisir d'estre grand pere, de sorte que ie ne me puis rassasier de voir mon petit fils: va doncques le prendre Sturme & me l'apporte, afin que ie le considere & caresse à loisir. Seigneur, dit Sturme, ie sçauois bien que son innocence vous toucheroit, mais vous le serez encore plus si le regardant attentiuement vous remarquez combien il vous ressemble; pour moy quand ie le voy il me semble que les traits de vostre visage se mon-

Histoire I. 177
ſtrent à mes yeux en petit volume. Certes ie pren bien volontiers cette commiſſion de vous l'apporter. Mais Seigneur permettrez-vous que ſon pere l'accompagne, & que pour luy il vous rende les deuoirs. Encore que Gotzbert deſiraſt fort cette venuë pour executer ſa rage, il s'en fit prier, & en fin le trouua bon. Voicy donc arriuer les innocentes victimes au ſacrifice paternel, Clearque apres quelques complimens mit ſon petit fils entre les bras de Gotzbert, qui commença à luy faire des careſſes extraordinaires. Et apres auoir pro-

mis merueilles à cet enfant & en sa faueur à Clearque, il dit qu'il leur en vouloit sur le champ monstrer des preuues, & faisant le signal qu'il auoit donné aux satellites qui estoient en vne autre chambre, ils entrent tout à coup & se iettent sur Clearque à qui ils lient les pieds & les mains. Si Sturme fut estonné de cette saillie ie le laisse à penser, il appelle la foy de son Maistre, le coniure de se souuenir du pardon qu'il auoit fait, & de n'exercer pas de rigueur sur Clearque venu sur sa parole. Alors Gotzbert commanda que Sturme mesme fuſt attaché, & durant qu'on le lioit il luy dit inſenſé vieillard penſes-tu m'auoir tellement endormy auecque tes ſonges & réueries que ie ſois comme-toy priué de ſens commun : Où as-tu iamais veu vn pere outragé comme-moy en l'honneur de ſa fille, partie plus ſenſible que la prunelle de l'œil, & outragé par vn valet infame, demeurant ſans vengeance. Ie ſerois vn grand ſot ſi i'en demeurois-là, & ſi ie faiſois ce que ie n'ay promis que pour amener ce miſerable au poinct du chaſtiment que ie luy prepare. Tay-toy donc ſi tu es sage, & sçache que pour tromper plus à mon aise les criminels ie t'ay trompé le premier, & si tu contribuës à ce spectacle autre chose que les yeux, sois asseuré que ie te feray compagnon de leur peine, comme tu as voulu estre protecteur de leur faute. Ce fut à Sturme de se taire voyant que sa vie & sa mort dépendoient de sa langue, & cognoissant qu'il n'estoit pas temps de repliquer au farouche Gotzbert, Qui se tournant vers Clearque: Et bien, luy dit-il, en grinçant des dents & estincelant des yeux, seruiteur desloyal & traistre, tu as doncques esperé pouuoir impunément me rauir l'honneur, & que pour recompense de ma fille seduite tu l'aurois en mariage: Vrayment tu auois bien mal pris tes mesures, & assez sottement iugé de mon humeur, m'aurois-tu bien pensé si stupide & si lasche que ie pûsse souffrir si aisément vn affront de telle importance, que ie ne croy point qu'il se puisse encherir par aucun outrage; si tu l'as crû non seulement tu t'es abusé, mais cette creance m'est encore vn second affront plus sensible que le premier, parce qu'au premier la tentation des sens te peut auoir précipité dans vn aueuglement temeraire, mais au second tu me taxes de bestise & d'insensibilité. Mais c'est à present que le temps est venu que tu payeras les arrerages de tant de torts par des tourmens qui ne finiront que par le principal de ta vie. Tout ce qui me fasche c'est que tu n'en as qu'vne, & pour contenter ma vengeance tu deurois sentir plus d'vne mort: Aussi est-ce ce que ie veux faire en prolongeant ton dernier souspir autant que ie pourray, en te faisant sentir des douleurs qui te feront porter enuie à la felicité des morts. Et pour commencer par le martyre de ton cœur, voy cet enfant, ouurage malheureux de ta criminelle incontinence, que ie massacre deuãt tes yeux, afin qu'ayant eu le plaisir d'estre pere sans mon congé, tu en ayes le regret par mes mains. En disant cela ce barbare, sans aucune pitié de l'innocence enfantine de ce petit, luy enfonça vn stilet dans le sein, & enuoya de ce coup son ame parmy les chœurs des Anges. Cela faict, de son sable (c'est vne espece de cimeterre dont se seruent les Sarmates & les Samogites) il luy trancha la teste, & respandit ce sang tout chaud sur le déplorable Clearque, luy battant les ioües de la teste de cet enfant & de son petit corps. Par le premier acte de cette cruauté furieuse Clearque iugea bien de ce que ce cœur exerçeroit sur le bois sec, puisque la flamme de sa rigueur s'estoit monstrée si ardante sur le vert, & de quelle sorte il traitteroit le coulpable puisque l'innocent l'auoit esté d'vne si estrange façon. Se voyant donc sans espoir de sa vie, & outré de douleur d'auoir veu si cruellement massacrer ce

HISTOIRE I. 185
petit enfant qui estoit ses propres entrailles, pour animer ce farouche courage à luy donner vne prompte mort, il vomit contre-luy tous les outrages & toutes les iniures que la rage a de coustume de faire sortir d'vne bouche dont elle conduit la langue. Ie n'en veux point salir ce papier de peur que la contagion n'en passast dans les esprits par la lecture Le fier Liuonien, alteré de sang par ce premier traict que sa vengeance venoit de boire, receut tous ces opprobres auec vn ris mocqueur voyant sa proye dans les filets, & sça-

chant bien qu'à ces outrageuses paroles il pouuoit respondre par des effets bien plus energicques. Rusé qu'il estoit il n'ignoroit pas à quelle fin Clearque le picquoit de la sorte, mais il ne vouloit pas si tost perdre ce plaisir malin que les esprits vindicatifs experimentent lors qu'ils tourmentent leurs ennemis quád ils les ont en leur puissance. Il commande donc aux ministres de sa fureur de dépoüiller Clearque, & alors il exerça sur ce corps nud & miserable toutes les tortures que la bourrelerie puisse inuenter, il le fit comme escorcher

cher tout vif luy faisant enleuer des pieces de la peau en des endroits fort sentibles, y faisant par apres verser le soulfre, la poix & l'huyle boüillantes, en somme il charpenta & martyrisa tellement ce déplorable ieune homme, qu'auecque des desespoirs & des hurlemens espouuentables il rendit l'ame parmy tant de fers, de feux & de douleurs insupportables. Gotzbert riant parmy toutes ces horreurs, comme les Dauphins & les Aigles qui se réjoüissent parmy les tempestes de l'eau & de l'air, & ne se faschant que d'vne

I

chose de ce qu'il estoit expiré si tost. Ie laisse à iuger au Lecteur en quelle transe deuoit estre Sturme qui croyoit qu'indubitablemét son cruel Maistre luy feroit sentir les mesmes supplices, ou au moins le feroit estrangler comme complice de la faute de Clearque. Il commença donc à le conjurer auecque des larmes & des gemissemens inexplicables d'auoir pitié de son innocence, & de croire que ce qu'il auoit contrarié son desir n'auoit esté que par la pitié qu'il auoit euë d'Arpalice, se mettant à chanter sur vn ton bien different & à loüer l'execution de Clearque & la vengeance que Gotzbert en venoit de prendre. Alors Gotzbert bien aise de le voir en cette frayeur, l'a luy augmenta en luy disant que son rang n'estoit pas encore venu, & qu'il le reseruoit pour le dernier des cinq actes de la Tragedie dont il n'y en auoit encore que deux de representez. Cela me fait souuenir de la courtoisie de Polifeme enuers Vlysse, luy promettant de ne le manger que le dernier. Le pauure Sturme crût à ce discours que c'estoit fait de sa vie, & qu'apres la mort de Gerberge & d'Arpalice il seroit dépesché, ce qui luy donna vne fiéure telle que vous pouuez croire. Alors Gotzbert se baignant dans le sang de Clearque luy trancha luy-mesme la teste auecque son sable, & commanda à vn de ses bourreaux qu'ils allassent prendre Gerberge dans le département de sa fille & qu'ils l'a luy amenassent. Il fit mettre les testes du pere & du fils en deux bassins pour donner ce spectacle dans les yeux de la mere, resolu de faire, contre la nature & contre l'ancienne loy, boüillir le petit dans le laict de sa mere.

HISTOIRE I.

Qui a iamais veu vn loup carnaſſier entrant dedans vn parc & égorgeant autant de moutons qu'il y trouue, non content de raſſaſſier ſa faim, mais encore ſatisfaiſant à ſon farouche naturel par la mort de tant d'agneaux & de douces brebiettes, certes il a veu quelque image de la cruauté que ie dépeins. Les cris ou pluſtoſt les hurlemens qu'auoit iettez Clearque durant ſon cruel ſupplice auoient eſté ſi hauts qu'il en eſtoit arriué quelque réſonnement iuſques au quartier d'Arpalice, & Gerberge qui eſtoit en vne continuelle apprehensien crût aussi-tost ce qui n'estoit que trop vray, comme elle estoit ainsi esperduë on la vient demander de la part de Gotzbert, elle se iugea morte, & en ce trouble cherchant des excuses elle ne sçauoit où en trouuer, elle pria Arpalice de venir auec elle, mais les messagers ne le voulurent pas permettre disans qu'ils n'auoient commission que de l'appeller, ou de la mener par force si de bon gré elle ne vouloit venir, ces paroles luy firent bien sentir que ses soupçons n'auoient que trop d'apparence, quelques persuasions qu'éployassent les messagers pour l'asseurer iamais ils ne peurent affermir son courage, elle fut comme arrachée d'entre les bras de ses deux filles & d'Arpalice qui demeurerent en des apprehensions incroyables. Arriuée qu'elle fut deuant Gotzbert, comme ce cruel luy vouloit reprocher sa lascheté & l'accuser d'auoir trahy à son fils la pudicité d'Arpalice il fut priué de ce contentement, parce qu'à la veuë de ces deux testes de Clearque & de son petit fils & des deux corps tous sanglans estendus sur le plancher, elle tomba en vne sincope dont elle ne reuint point, le farouche Gotzbert ayant commandé à ses ministres de luy passer vne corde dans le col & de l'estrangler: Suffocquée qu'elle fut il luy trancha la teste d'vn reuers, & l'ayant fait mettre dans vn autre bassin, il fit délier Sturme & luy commanda d'aller auecque ceux qu'il luy donna pour escorte porter ces trois presens à sa fille, & luy dire qu'elle se préparast à tenir compagnie en la mort à ceux qu'elle auoit tant cheris durant sa vie. N'en promettant pas moins à Sturme mesme apres qu'il luy auroit rendu ce dernier seruice. Il fallut obeïr sans replique à ce cruel Maistre, Sturme n'ignorant pas que s'il l'eust contrarié d'vne seule parole il luy eust tranché la teste sans aucune misericorde. Se tenant donc au rang des ombres il fut porter ce present & ces nouuelles de mort à la déplorable Arpalice, qui les receut de la façon que l'on peut penser. Sturme n'osa luy dire qu'en la trompant il s'estoit trompé luy-mesme, & que la mort l'attendoit pour le salaire de sa trop franche simplicité, de peur que ces termes blasmans indirectement la mauuaise foy de Gotzbert il n'en empirast son marché, & au lieu d'vne douce mort il n'en experimentast vne inhumaine. Il eust des-jà voulu en estre quitte à aussi bon compte que Gerberge qui auoit esté estranglée durant son éuanoüissement, & il attendoit auec tremblement & silence le genre de mort dont il pensoit perir. Le barbare Gotzbert suiuant la pointe de sa colere & des-jà enyuré de sang, vouloit tout d'vne main sacrifier à sa fureur & les filles de Gerberge & sa propre fille, quand ie ne sçay

HISTOIRE I.

quelle secrette horreur le fit flotter dans l'irresolution, l'indignation le poussoit, la nature le retenoit, flottant comme vn vaisseau entre deux vents contraires. Il pensa qu'il se priuoit d'vne notable delice en sa vengeance de ne voir pas de quelle façon sa fille receuroit les presens qu'il luy auoit enuoyez par Sturme son entremetteur: Il veut repaistre ses yeux de ce spectacle où il espere irriter sa fureur comme vn Lyon qui excite sa colere en battant ses costez de sa queuë. Il y alla donc, mais à sa veuë la douleur qui auoit des-jà saisi les esprits d'Arpalice se renforça tellement qu'elle fut contrainte de s'abbatre sous vne pamoison qui eut vne image de mort. Gotzbert & ceux qui l'assistoient la tindrent pour passée, & ce pere dénaturé se plaignoit que par vne si douce fin elle fust eschappée au supplice qu'il luy préparoit. Pour accomplir ses tragicques exploits il commanda que l'on enfermast les filles de Gerberge afin de les faire cruellement mourir s'il se trouuoit qu'elles fussent complices de la faute de Clearque remettant leur execution au lendemain. Et encore qu'il n'ignoraſt pas que Sturme n'euſt point trempé dedãs cette pratique, & que ſes contradictions n'eſtoient prouenuës que d'vne bonne intention qu'il auoit pour ſon ſeruice, il voulut neantmoins le punir auecque la peur, & imiter les peſcheurs qui ſe contentent de remettre le Daufin dans la mer en ſe contentant des poiſſons qu'il a fait entrer dans leurs rets. Pour luy donner la terreur entiere il commanda à ſes ſatellites de l'enleuer & d'en aller faire ſelon qu'il leur auoit ordonné qui n'eſtoit que de feindre de l'eſtrangler,

Ce fut lors que le déplorable Sturme voulut employer ses prieres & ses larmes pour émouuoir à pitié cet inexorable Maistre, mais il luy ferma les oreilles & il se vit enleuer promptement par les bourreaux qui en vne chambre éloignée faisans semblant de luy passer vn licol pour l'estoufer le trouuerent expiré entre leurs mains, la peur excessiue ayant fait plus qu'il ne leur auoit esté commandé & plus qu'ils ne vouloient faire, ainsi mourut ce bon seruiteur sans autre sujet que d'auoir esté trop pitoyable & fidelle. Gotzbert estant retiré en sa chambre la nuict se trouua auancée. Les seruantes d'Arpalice la voulans enseuelir trouuerent qu'elle auoit encore quelque sorte de pouls bien que fort foible, & que le cœur luy palpitoit encore, signes de vie qui les obligerent à courir aux remedes : Les remedes r'appellerent en vie celle qui eust esté trop heureuse de mourir ainsi. Desastre iniurieux faut-il que tu la persecutes dans la mort mesme ? & ne la veux-tu resusciter que pour la faire perir plus malheureusement. Elle passa tout le reste de la nuict en des amertumes incroyables. Elle auoit les mesmes regrets d'estre reuenuë à la vie qu'vn autre auroit de mourir, elle chargea d'iniures au lieu de remerciemens celles qui luy auoient rendu ces offices cruellemét pitoyables. Ses regrets furent extrêmes & ses larmes de sang, cent fois elle se fust ouuert le sein auec vn fer homicide, si le desir de la vengeance ne luy eust inspiré vn parricide execrable qu'elle veut faire auparauant. Ha! filles qu'auez-vous fait en allongeant de quelques momens la vie de ce corps, vous faites pour iamais faire naufrage du salut à son ame. Gotzbert ayant sçeu que sa fille estoit reuenuë de pamoison prit durant la nuict vn plus doux conseil, le temps & le sang ayans diminué la cruauté. Il pensa que les meurtres qu'il auoit faits estoient non seulement pardonnables mais loüables, & que celuy qu'il vouloit faire de sa fille, quelque legitime sujet qu'il en creust auoir, ne pourroit estre approuué, mais banderoit contre-luy tous les iugemens qui n'auroient point renoncé aux sentimens de la Nature. Il se resoult de la faire mourir d'ennuy, &

de l'enfermer dans vne tour entre quatre murailles, sans luy donner autre compagnie que la continuelle veuë des quatre teſtes de Clearque, de ſon fils, de Gerberge, & encore de Sturme, de la mort de qui il ne s'eſtoit pas beaucoup ſoucié la tenant pour vne punition diuine. Se leuant en cette penſée il l'alla trouuer en ſon département, partie pour la charger d'iniures, luy reprocher ſon infamie, & décharger ſon courroux par des paroles outrageuſes, & apres luy auoir donné les terreurs de la mort, luy prononçer l'arreſt de ſa perpetuelle cloîture. Pour dire ce que ce pere vomit contre-elle en la voyant, & en suitte ce que cette fille desesperée reprocha à ce pere desnaturé, il faudroit estre reuenu des enfers & sçauoir les horribles imprécations que les peres & les enfans damnez font les vns contre les autres dans ces gesnes éternelles. Plusieurs fois Gotzbert, qui n'auoit pas accoustumé de souffrir sans repartir, fut sur le poinct d'oster la vie & la parole en mesme temps à cette fille d'vn reuers de sable, & c'estoit ce que desiroit cette furieuse, aymant mieux vne courte mort qu'vne languissante vie. Mais voyant qu'elle ne pouuoit venir à bout de son dessein, apres auoir presenté à son pere sa gorge à couper, elle courut furieusement contre-luy auec vn couteau qu'elle auoit empoisonné durant la nuict dont elle luy perça le ventre. Le cruel Samogite se sentant blessé à mort entra en vne rage desesperée, & luy arrachant des mains le mesme couteau il luy en coupa la gorge : Mais il ne joüit pas long-temps du spectacle de sa vengeance, parce qu'offencé en des parties qui ne le peuuent estre sans mourir, & son trespas hasté par la poison qui estoit soudaine, le firent tomber sur le corps de sa fille, ioüissant de la felicité de ce vindicatif qui disoit celuy-là mourir heureux qui tomboit sur le corps mort de son ennemy. De fortune il n'auoit point mené auecque-luy les satellites qui l'auoient le iour precedent assisté à tant de sanglantes executions. Les seruantes d'Arpalice ietterent de si grands cris voyans ces deux meurtres que le Soleil ne regarda point sans voiler son visage, que toute la maison fut en rumeur, tous les domestiques accourent, qui ne sçachans que faire ny que dire se regardoient les vns les autres immobiles comme des statuës. Cet étonnement sauua la vie aux deux sœurs de Clearque dont l'innocence fut preseruée par la mort précipitée de Gotzbert. Ceux qui l'auoient aidé en ses massacres se mirent en fuitte redoutans les recherches que la Iustice feroit de tant d'effroyables malheurs. Aussi tost Kilian fut aduerty de ces embrasemens domestiques, & se rendit en diligence en sa maison où il recueillit vne succession aussi sanglante qu'autre que l'Histoire nous fournisse Que de remarques vtiles & serieuses se peuuent tirer de ce seul éuenement. Premierement qui ne void de combien de miseres l'incontinence est suiuie, & qui n'apprendra à éuiter la volupté dont les appasts cachent de si mortels & dangereux hameçons. Clearque & Arpalice ne fussent pas arriuez dans vn si horrible précipice, & n'eussent pas esté accueillis d'vne telle ruine si la temperance & la discretion

eussent tenu la bride à leurs actions. Ensuitte qui ne void que la peine est l'ombre inseparable de la coulpe, & que les infidelitez & trahisons domestiques comme elles sont plus odieuses que les estrangeres, meritent aussi & attirent de plus cruels supplices. Les seruiteurs qui mangent le pain d'vn Maistre peuuent apprendre du succez infortuné de Clearque à se tenir modestement dans les termes de leur deuoir, & à n'aspirer point plus haut que leur condition ne porte. Le defaut de la vigilance en Gerberge si seue-
rement

sement puny peut tenir en haleine celles à qui l'on commet la conduite des filles de qualité & la garde de leur honneur. Que si la perfidie de Gotzbert est blasmable pour s'estre seruy de sa parole & de sa promesse pour executer sa vengeance sous le pretexte du pardon, la déloyauté de Clearque ne l'est gueres moins d'auoir soüillé impudemment le sang & la maison de son Maistre, Gotzbert ayant crû qu'il luy estoit permis de tromper vn trompeur, encore que la faute d'autruy ne soit pas vne excuse pour la nostre. Sa cruauté certes ne peut estre supportée ny soustenuë en aucune façon, aussi le iuste Ciel qui a en abomination les esprits sanguinaires l'a-til payé de la mesme monnoye, & a fait baigner dedans son propre sang celuy qui s'estoit plongé dans celuy des autres. Mais qui ne considerera en luy les mouuemens que cause en vn cœur ce furieux appetit de vengeance, & quels artifices il employe pour s'irriter. On ne peut voir en la fin espouuantable d'Arpalice qu'vn aueuglement de desespoir causé par la malice de l'esprit de tenebres, appellé homicide dés le commencement. En Sturme vne bonne foy accompagnée de simplicité & d'inconsideration, s'efforçant de deffendre ou pour le moins d'excuser vne offence qui se peut commettre plus aisémét que se iustifier, & en sa fin iusques à quelle extremité peut arriuer vne peur excessiue. En fin par tout le courant de cette funeste Occurrence on peut reconnoistre que c'est vne pure folie de mettre son esperance sur les plaisirs du monde, & de se fier à la felicité qu'on pense trouuer en la terre. Veu que ses debiles rayons semblables à des éclairs s'éclypsent aussi tost, & ne reste de tous les contentemens que de l'ombre & de la fumée. Heureux qui peut éleuer ses desirs & son espoir vers l'éternité, où les plaisirs sont de durée & les contentemens solides. Mais on ne peut arriuer à ce but que par la route de la vertu. C'est cette seule voye qui meine aux ioyes & aux recompenses immortelles. Au contraire ceux qui s'en destournent arriuent en fin en des confusions extrêmes, en des précipices si estranges & en des malheurs si horribles, que leurs miseres ne se conseruent dans les Histoires (qui sont les regiſtres de la memoire) que pour faire des exemples pitoyables, dont on ſe ſert pour donner de la terreur aux plus abandonnez au vice, en leur propoſant des ſuccez ſi remplis d'horreur, qu'on ne les peut lire ſans fremiſſement.

FIN.

TIMOLAS
OV
LES DISCORDANS ACCORDS.

Histoire II.

I'A y toufiours fait grande eftime de cette parole des Anciens, que les Mariages fe font au Ciel : Et bien qu'au Ciel il n'y ait point de Mariages, felon que nous apprend le facré Texte, les bien-heureux estans semblables aux Anges, si est-ce que les nopces qui se font en la terre sont premierement ordonnées par la prouidence des Cieux. Quelques considerations humaines que l'on employe pour faire des alliances elles sont tousiours plus foibles que l'ordonnance diuine, & en ce sujet les hommes ne font que proposer, mais c'est Dieu qui dispose ; faisant arriuer cette indissoluble vnion à sa fin par des moyens suaues & puissans, & d'autant plus admirables qu'ils sont moins apperçeus. Lors que Dieu plein de bonté en luy-mesme la voulut communiquer au dehors de soy en la production des creatures. Apres auoir donné à la masse du Caos cette belle forme que nous voyons au monde, au plus beau lieu de cet Vniuers il dressa vn Iardin si delicieux que c'estoit le paradis de la terre, & là dedans pour en estre les Concierges & les Gardiens il créa nos Protoplastes, il les forma masle & femelle, les vnissant de sa propre main, & leur donnant la benediction de la fecondité pour remplir la terre de creatures raisonnables. Depuis ce premier mariage, il semble qu'il se soit reserué le droict de faire en suitte tous les autres de sa main inuisible, les promesses de la terre n'estans que comme les ratifications des projets qu'il a faits dans le Ciel. Ce n'est pas que par ce traict ie vueille offençer la franchise de nostre volonté, dont le libre consentement fait le principal nœud du mariage, ie veux seulement dire que Dieu qui sonde les cœurs esmeut doucement leurs inclinations à la fin qu'il a projettée. Que si les influences des astres ont tant de pouuoir sur les corps terrestres, ses inspirations en auroient-elles moins sur les ames pour les incliner sans les forçer, pour les presser sans les oppresser, & pour les violenter amiablement sans violer leur franc arbitre. Certes si les plus spirituels reconnoissent que pour embrasser comme il faut la vie Religieuse il faut vne vocation speciale d'enhaut, & estre mené au desert de la Regularité, qui est vne condition sequestrée du monde, par l'esprit de Dieu: pourquoy ne croirons-nous pas qu'en vn Sacrement appellé grand en IESVS-CHRIST & son Eglise, & honorable en tous ceux qui le contractent, il y ait vne inspiration particuliere. Certes si la Prouidence a soin des moindres oysillons qui volent parmy l'air, & si vn seul cheueu de nostre teste est conté par elle, combien à plus iuste raison portera-t'elle son intendance vers la plus saincte liaison qui soit en la societé ciuile, & vers ce nœud que l'homme ne peut défaire quand Dieu l'a lié, n'estant pas en la puissance humaine de separer ce qu'il a conjoinct. Et c'est cette Prouidence celeste qui deuore la prudence humaine, comme la verge de Moyse celles des Mages, faisant quelquefois ces vnions contre des apparences de raison, mais de raison mortelle. Faisant naistre l'accord du milieu des contradictions en la mesme façon qu'en la creation du monde il tira la lumiere du milieu des tenebres. Et c'est ce qui paroistra en l'Occurrence que ie vay déduire, où la main de Dieu paroistra vnissant des contrarietez, & par des émerueillables ressorts, faisant sortir la vocation continente & religieuse du milieu des nopçes, & tirant du sein de l'auersion l'vnion d'vne parfaite amitié,

Ce qui nous apprendra la verité de cette sentence adorable, que nulle parole n'est impossible à Dieu.

En l'vne de ces deux belles & grandes Prouinces de nostre France qui sont le long des Pyrenées & qui s'estendent de l'vne à l'autre mer, viuoit il y a enuiron soixante ans vne grande Dame que nous nommerons Hildegarde qui tenoit en sa maison vn train fort magnifique: Elle estoit vefue d'vn Seigneur de haute qualité & de grande estime dans le païs, qui auoit autrefois esté employé en Espagne pour les affaires du

Roy. Durant son sejour en cette contrée il y auoit acquis des amis & de la créance. Hildegarde mesme l'y auoit accompagné & y auoit receu beaucoup de satisfaction. Apres la mort de son mary elle demeura chargée de cinq enfans deux masles & trois femelles, la seconde de ses filles fut mise en vn Monastere où depuis elle fut Abbesse, la troisiéme mourut auant que d'estre mariée, & la premiere par vn accident funeste se noya sur vn grand fleuue qui arrose l'vne de ces Prouinces ainsi qu'elle reuenoit de voir sa mere & retournoit en la maison d'vn Gentil-homme qu'elle auoit espousé. Ses deux garçons Affranio & Timolas estoient ses deux yeux & toute l'esperance de sa famille. Les Roys (ne leur en déplaise) ont cette mauuaise coustume de payer les seruices qu'on leur rend aux despens du Crucifix, & au rebours du conseil de S. Bernard ils ne donnent pas des hommes aux Eglises, mais par des Eglises ou au moins par des benefices ils recompensent des seruiteurs, ce qui est donner des Eglises aux hommes. Le mary d'Hildegarde en auoit eu quelques-vns pour semblable reconnoissance, qu'il auoit mis (c'est la façon de parler du siecle) dans sa maison, & les auoit plantez sur le nom & la teste de son cadet. Timolas qui les auoit dés son enfance (car à present on voit des Abbez qui tettent & des berceaux mitrez) fut éleué à ce dessein d'estre Ecclesiastique, & le Ciel mesme sembla faire ce choix par vne infirmité qu'il luy enuoya dés sa plus tendre ieunesse qui fut vne rupture. On y apporta tous les remedes que l'on pût inuenter mais le mal les surmonta, & par le temps il s'augmenta & se rendit incurable. Il estoit neantmoins d'vne humeur si prompte & si actiue que malgré la foiblesse de sa complexion il estoit tousiours dans les exercices violens, n'ayant pas beaucoup à cœur les sedentaires, ny l'occupation des lettres. Mais comme la ieunesse est vne plante verte que l'on ploye comme l'on veut, il estoit contraint de s'attacher aux emplois où on l'appliquoit poussé par le mouuement de la volonté d'autruy. Quand luy & son frere Affranio furent en vn âge assez fort pour sortir de dessous le toict de la maison, encore que Hildegarde les aimast comme ses prunelles, neantmoins pour les rendre plus galands hommes par la pratique des estrangers elle se resolut de les dépaïser, & iugeant qu'ils auroient assez de temps au reste de leur vie pour voir Paris & la Cour de France, elle voulut qu'ils passassent les Pyrenées & voyageassent par l'Espagne pour y entretenir les créances & les connoissances que leur pere & elle leur y auoient acquises. Elle leur dressa vn équipage digne de paroistre auec éclat deuant cette superbe nation, qui ne se repaist que du vent

& des fumées de la gloire, & qui ne fait estat que de ceux qui ont vne longue suitte & font vne grande despence. Non loin de la maison d'Hildegarde demeuroit vn Gentil-homme dont la Noblesse estoit de beaucoup moindre taille que celle d'Hildegarde, il n'estoit pas aussi dans la pauureté ny l'incommodité, il auoit plusieurs enfans, & entre les autres son aisné qui estoit assez grand, de bonne mine, de gentil courage, & qui promettoit quelque chose de bon pourueu qu'il fust poli & mis en œuure, ie veux dire que son beau naturel fust cultiué par l'art & l'experience. Il desira luy faire voir le monde comme la meilleure escole où l'on puisse perfectionner vn gentil esprit. Et sçachant comme voisin que Hildegarde estoit sur le point d'enuoyer ses enfans en Espagne auec vn beau train, encore qu'il eust assez de vanité pour ne vouloir pas que Filene son fils fust de leur suitte, il desiroit neantmoins qu'il fust en leur compagnie, estimant que ce seroit assez de luy donner vn valet pour le suiure en le recómandant au gouuerneur de ces ieunes Seigneurs. A ce dessein il alla treuuer

Hildegarde, & luy ayant fait de nouuelles offres de seruice comme son ancien amy & voisin, il la pria d'auoir agreable que son fils fust auprés des siens en leur voyage d'Espagne, ne voulant pas qu'il luy fust à charge, mais seulement par honneur & par seureté, promettant au reste de faire sa despence, & de reconnoistre le gouuerneur d'Affranio & de Timolas s'il luy plaisoit d'auoir l'œil sur Filene, & le tenir dans les deuoirs d'vn Gentil-homme qui fait profession d'honneur & de vertu. Cette grace fut aisée à obtenir d'Hildegarde, qui estoit vne Dame toute pleine de courage & de ciuilité, elle s'offrit à faire pour Filene plus que cela, & de le défrayer comme vn de ses enfans, mais Damon ne le voulut pas permettre, s'estimant assez fauorisé qu'elle permist que son fils fust en la mesme escole & sous le mesme Conducteur que ceux d'Hildegarde durant ce voyage. Ils partent ainsi sous la conduite d'Adalbert ancien seruiteur de la maison d'Hildegarde, qui estoit le gouuerneur de toute la troupe. Apres auoir visité les diuers Royaumes dont l'Espagne est composée, ils vindrent fondre à Vailladolid où la Cour estoit pour lors, où apres auoir demeuré quelque temps comme au theatre de toute la vanité Espagnole, & où la folie va du pair auecque la pompe & la grauité, ils mediterent leur retour; des-jà ils estoient entrez dans le Royaume d'Arragon quand vne maladie ataqua Affranio l'aisné des enfans d'Hildegarde, qui estoit vn des beaux & adroits Seigneurs de son climat, & le surprenant à Calatayut donna beaucoup de peine à l'amener iusques à Saragosse Cité capitale de l'Arragon. Là

Là elle se redoubla de telle sorte, soit que l'ardeur de la saison, soit que l'émotion du chemin l'eust augmentée, qu'il se rendit sous ses efforts au commun passage de la mort ordonné à tous ceux qui viuent. Ces nouuelles apportées à Hildegarde l'affligerent nompareillement, car elle ne regardoit pas seulement cet enfant comme son aisné comme l'espoir de sa maison, mais en quelque sorte comme son vnique à cause de la condition & de l'incommodité de Timolas. De peur donc de tout perdre elle manda promptement cestuy-ci, qu'elle recueillit comme l'aix de son naufrage & sa seule table d'attente. Durant tout ce voyage, qui dura prés de deux ans, Filene s'estoit comporté auec tant de modestie & de gentillesse auprés des deux freres qu'il en estoit esperdument aimé, & ie dy si esperdument qu'ils disputoient à qui le caresseroit le plus & luy rendroit dauantage de tesmoignages d'amitié. Ils le tenoient pour leur commun frere, & cette contention alla iusques à la jalousie, si bien que Filene auoit de la peine à regler sa contenance & ses actions de peur que Timolas ne pensast estre moins aymé de luy qu'Affranio, & Affranio moins chery que Timolas. Mais la mort trancha cette jalouse humeur & laissa Timolas comme sans coheritier, aussi sans competiteur en l'amitié de Filene. Quand ils furent de retour en leur païs il n'y eut plus de moyen de separer vne si estroitte vnion, & apres les premiers accueils qu'Hildegarde fit à Timolas, qu'elle ne regardoit plus que comme son vnique, il luy dit, Madame, ie ne suis pas vostre vnique, mais seulement de cadet ie suis deuenu aisné, voicy mon frere d'amitié & d'alliance, & que ie vous prie d'aimer comme vn autre moy-mesme, vous asseurant qu'il vous rendra les mesmes deuoirs & respects que si la Nature l'auoit fait naistre vostre fils. Il luy dit cecy en luy presentant Filene. C'est cela mesme, repliqua Hildegarde, que ie dy à son pere quand il l'enuoya auecque vous en Espagne, que ie le voulois tenir pour vn de mes enfans. Et certes ie le veux cherir desormais comme tel & pour l'ancienne amitié qui est entre nos maisons, & pour son propre merite & pour l'amitié que i'ay appris qui est entre-vous. Cecy n'en demeura pas dans les complimens, car à peine Filene eut-il le loisir d'aller receuoir les embraßemens de son pere apres vn si long voyage que Timolas l'alla enleuer, & pour le dire ainsi arracher d'entre les bras de ses parens pour le ramener en sa maison ne pouuant viure sans sa compagnie. Il fallut que Damon souffrist cette douce violence qui ne prouenoit que d'excez d'amitié, depuis ce temps-là Timolas & Filene furent inseparables, & freres d'armes & de fortune. Et c'eſt vne merueille qui n'eſt pas petite de voir que ces deux ames fuſſent ſi vnies dont les inclinations eſtoient ſi differentes & les humeurs preſque contraires: car ſi Timolas eſtoit prompt & ardant, Filene eſtoit froid & retenu: Si Timolas aimoit la chaſſe, Filene la hayſſoit, & ſi Timolas fuyoit la conuerſation des Dames, c'eſtoient toutes les delices de Filene. Mais l'accort Filene ſuppleoit à tout cela par vne ſoupplesse d'eſprit admirable, & ſans contredire aux paſſions de Timolas il ſçauoit condeſcendre à ſon humeur auec que des complaisances qui charmoient l'autre. Adjoustant à cela des respects & des defferences telles, qu'encore que l'amitié égale les amis & que Timolas ne s'estimast pas plus que Filene, Filene sans se laisser emporter à la présomption ny à la vaine confiance, sans se méconnoistre rendoit à Timolas des deuoirs & des soumissions aussi grandes que s'il eust esté son seruiteur domestique. Il ne faut pas demander si Timolas quitta la vacation Ecclesiastique estant l'vnique en sa maison, veu mesme que son humeur n'y estoit pas autrement portée que par raison d'estat, c'est à dire pour ioüir des benefices dont on l'auoit fait le porteur. Ce n'est pas qu'il regardast le mariage comme condition assez repugnante à son infirmité, mais son courage martial luy auoit quelquefois fait regarder la croix de Malte, qu'il eust chargée s'il n'eust craint de s'appauurir en se déchargeant du doux faix de ses benefices. Il fallut pourtant s'en défaire, & il en eust bien tost reuestu Filene s'il eust esté friand de ces mets, mais outre qu'il estoit l'aisné de sa famille, son Genie le portant aux armes, il refusa cette dépouille qui eust pû selon les maximes du monde enrichir sa maison. Mais peut-estre que ce refus fut cause de son plus grand bien, comme nous verrons au progrez de cette Histoire. Ces benefices estoient venus pour des recompenses de seruices, ils tindrent lieu de mesme nature, & pour cette consideration l'on en inuestit Adalbert vieux seruiteur de la maison de Timolas qui sçauoit mieux le nombre d'or que la lettre dominicale, & c'estoit bien assez de science pour vn Abbé Comedataire. L'on murmura assez de cette élection, & les médisans crioient tout haut à la confidence, mais Adalbert les démentoit en disant qu'il auoit assez de dents pour manger tout ce sucré ie voulois dire sacré reuenu, & en effet l'éuenement fera voir que Timolas s'en défit entre ses mains sans aucune reserue. Libre de cette charge & de cette robe il s'adonna tout à fait aux exercices d'vn Cheualier, il fit diuers voyages à la Cour pour se faire connoistre ayant tousjours à ses costez son fidelle Filene : mais ce n'estoit pas là son élement, les contraintes de la Cour luy estoient des gesnes, les complimens luy sembloient des folies, & les flatteries des bassesses & laschetez d'esprit indignes d'vn bon cœur, les prétensions des fumées, les ambitions des vanitez, les despences des superfluitez, les sujetions des esclauages, en somme cette vie luy paroissoit vne vraye condition de forçats attachez auec des chaisnes d'or à vne galere flottante & sujette à mille tempestes. La chasse exercice masle & violent estoit tout son plaisir, il ne pensoit à autre chose. A la Cour il faut suiure celle du

Prince toute autre estant deffenduë, cela ne luy plaisoit pas. Il reprit bien-tost sa route vers les Pyrenées se moc-quant de la Cour, de ses affetteries, de ses fadaises, & des vaines attentes qui y amusent tant de fols. Hildegarde fut bien aise de son retour, parce qu'en son absence elle estoit en de continuelles frayeurs que quelque maladie ou quelque querelle (maladie incurable des Courtisans) ne luy enleuast cet vnique. Reuenu en son petit empire il se mit auecque son équipage de chasse à troubler le repos des forests & des so-

HISTOIRE II. 247
litudes, & à exerçer le babil des Ecos par le son de ses cors & le clabaudis de ses chiens. On ne veid iamais vn chasseur plus furieux, il estoit & nuict & iour apres cet exercice, tout ce qui n'estoit point chasse luy déplaisoit, il ne respiroit que cette remuante occupation. Cependant cela accroissoit son ancien mal, & quelquefois il en estoit reduit en des extremitez qui faisoient douter de sa vie. Il n'y auoit ny priere de mere, ny persuasion d'amy, ny ordonnance de Medecin, ny terreur d'accident inopiné qui le pust retenir, c'estoit vn

torrent qui ne pouuoit estre arresté par aucunes digues. Hildegarde crût qu'il n'y auroit qu'vne Venus chaste & maritale qui par de legitimes liens pust destourner cet impetueux courage de la suitte de Diane chasseresse. Par tout elle cherche vn party, mais en fin au lieu d'vn elle en treuue deux, & voulant faire l'amour pour son fils à quelque belle fille elle trouua elle mesme vn mary en vne saison où elle se fust volontiers dispensée de se soumettre à vn second joug. L'occasion neantmoins se trouua si fauorable que trouuant son con-

Histoire II. 249

tentement dans les propres interests de son fils, elle se laissa persuader vne chose à quoy sans cela elle n'eust iamais pensé. La liberté du vefuage, & cette auctorité magistrale & absoluë qu'elle auoit goustée par tant de temps luy sembloient si douces, qu'elle ne pouuoit s'imaginer que les delices d'Hymen eussent rien de comparable à cette felicité. Mais ne pouuant auoir la fille pour son fils qu'en se donnant elle-mesme au pere, pour auancer cet vnique enfant (le party estant fort signalé) elle consentit au sacrifice de sa propre franchise. Campidoine, Seigneur d'vne Prouince voisine, estoit pere d'vne fille que sa mere en mourant auoit faite son heritiere vniuerselle, laissant quelque donation par testament à son fils auec quoy elle croyoit qu'il eust raison de se contenter puis qu'il deuoit auoir tout l'heritage de son pere. Cette fille appellée Anastasie auoit doncques ses droicts acquis, & de si beaux droicts que Timolas ne pouuoit esperer vne meilleure fortune. Mais Campidoine voulut estre de la partie, & ce mariage ne se pouuant faire sans son consen-

HISTOIRE II. 251
tement, il ne le vouloit pas donner si Hildegarde, en qui il auoit encore remarqué des traits de beauté conseruez malgré l'injure de l'âge, ne le vouloit prendre pour mary. Certes le bon homme pour ce qui luy restoit de vie se pouuoit & mesme se deuoit bien passer de femme, car il estoit dans vne vieillesse qui dispense les plus échaufez de se marier, mais quoy! auant que de mourir, il auoit encore cette folie à faire. Hildegarde le fit prier de ne songer point à elle, & ie la prie donc, respondit-il, de ne penser point à ma fille pour son fils.

On auoit beau luy remonstrer que Venus est ennemie irreconciliable des vieillards, & qu'elle fait mourir ceux qui sont si temeraires & inconsiderez que de la suiure, & que le mariage estoit conforme à l'âge & à la saison d'Anastasie & de Timolas, que tout le monde beniroit cette alliance, & qu'il apprefteroit à rire de celle qu'il vouloit faire auec Hildegarde, il fut ferme en son Amour & il ne voulut entendre à l'vne qu'il n'eust promesse de l'autre. La bonne Hildegarde extremement desireuse de lier son fils sous ce joug où

HISTOIRE II. 253
il faisoit le retif, fit comme la perdrix qui fait entrer ses petits dans la tonnelle où elle se iette la premiere, & promet au vieillard Amoureux de l'espouser en mesme temps que Timolas espouseroit Anastasie. Il fait mauuais estre caution de la volonté d'autruy, il ne faut iamais promettre que pour soy si on ne veut tomber en mesconte. Mais remontons à la source de cette erreur. Aupres d'Anastasie s'éleuoit depuis quelques années vne de ses cousines appellée Orgille, fille d'vne des sœurs de sa mere deffuncte, & qu'elle auoit

recommandée en mourant à Campidoine comme si elle eust esté son propre enfant. Elle en estoit tutrice, & Campidoine auoit succedé à la tutelle de cette orfeline, qu'il nourrissoit auprés d'Anastasie comme si elle eust esté sa fille propre. Elle auoit du bien assez honnestemét, mais c'estoit peu de chose à comparaison d'Anastasie. Orgille estoit de fort bon esprit, mais encore qu'elle n'eust aucune remarquable déformité elle auoit trop peu de beauté pour donner beaucoup d'amour; c'est bien assez pour la fauoriser si nous disons qu'elle n'e-

Histoire II. 255

stoit ny belle ny laide, & peut-estre estoit-elle de la taille dont cet Ancien composoit les honestes femmes. Il est vray qu'à quelque Amát speculatif elle eust pû donner des pensées, parce qu'elle auoit des mœurs si douces & vne humeur si amiable que cette abondance de vertu pouuoit reparer les défauts de la Nature. Si Timolas & Filene estoiét inseparables, ne l'estoient pas moins Anastasie & Orgille. Si Timolas ne cachoit aucun de ses secrets à Filene, Orgille estoit la confidente d'Anastasie qui ne voyoit que par les yeux de cette chere Cousine.

Aussi ne luy auoit-elle iamais celé l'auersion que de longue main elle auoit du mariage: Auersion qui auoit pris son commencement par la veuë d'vne mauuaise couche où sa mere estoit morte auecque des douleurs si horribles qu'elles passent tout moyen de les representer. Plusieurs fois elle supplia & mesme conjura son pere de luy permettre d'entrer dans vn Cloistre: mais n'ayant que cette fille, riche de la sorte que nous auons dite, il n'y voulut iamais consentir. Elle continuoit tousiours en ce dessein, & ne souffroit que comme par violence les recherches de ceux à qui Campidoine donnoit permiſſion de la voir dont elle ne receuoit iamais les ſeruices. Si les entretiens de ces Pourſuiuans ne viſoiét qu'à luy perſuader leurs intentions qui tendoient au mariage, elle auoit vne contrebatterie de diſcours qui les en diſſuadoit, & en ces conteſtations ſe paſſoit la plus grande partie de leurs entretiens. Ce qui la confirma dauantage en cette reſolution de continence, ce fut ce qui aduint à Seuerin ieune Seigneur de Perigort, il ſe rendit vn de ſes Pourſuiuans,

& s'il ne se fit aimer d'Anastasie qui faisoit profession de n'aimer personne, il fut tellement aggreé de Campidoine qu'il vouloit à quelque prix que ce fust que sa fille se resolut de le prendre pour mary. Quelque resistance que pust faire Anastasie elle se trouuoit foible contre la violence de Campidoine qui estoit homme rigoureux & pressant, battuë de tant de contraintes elle s'alloit rendre si Seuerin, qui ne vouloit pas tant acquerir le corps que le cœur, & qui faisoit moins d'estat des biens que de l'affection, ne luy eust donné le loisir

loisir de respirer, priant Cam-pidoine de ne la tourmenter, mais de permettre qu'il gaignast son courage par le téps & ses seruices. Tandis qu'il la courtise il n'est pas seul en cette lice, il y a plusieurs concurrens, & entre les autres Hubert Gentil-homme Limosin qui auoit plus de courage que de biens, & plus d'adresse que de grandeur Pour dissiper ce nuage de Competiteurs Seuerin s'aduise de haster ses nopçes, & voyant qu'il n'auançoit rien du costé d'Anastasie il s'adressa au pere qui ne demandoit que cela. Ce ieune Cheualier se persua-
M

doit que cette fille eſtant pleine de vertu ne l'affectionneroit iamais que lors qu'il ſeroit ſon mary, & que par la iuſtice & la raiſon elle ſeroit obligée de luy vouloir du bien. Campidoine recommence ſes oppreſſions, & les fait aller iuſques à tel poinct qu'il tire vne promeſſe forçée de la bouche d'Anaſtaſie de faire ce qu'il luy plairoit, & ſon plaiſir eſtoit qu'elle eſpouſaſt Seuerin. Hubert qui auoit vn grand cœur, & qui eſtoit fort adroit aux armes, ne pouuant ſouffrir de ſe voir en ſa prétenſion ſupplanté par vn autre fit appeller ſon

Riual, & en vn combat singulier le fit demeurer sur la place. Que la rage des duels est aueugle & folle, que vouloit faire ce desesperé se faire aimer par force, & contraindre vn pere de donner sa fille au meurtrier de celuy qu'il se destinoit pour gendre. Mais que luy aduint-il de ce beau succez, sinon la confiscation de son bien & vn bannissement perpetuel, & vne ignominie publique les parens de Seuerin luy ayant fait trancher la teste en effigie : Voilà les fruicts de cette brutale fureur. Anastasie par ce tragique éuenement fut d'autant plus affermie en la deliberation de se rendre Religieuse, voyant que si la vie de tous les hommes ne tient qu'à vn filet, celle des gens d'espée tient à quelque chose de plus debile qu'vn cheueu. Mais Campidoine resistoit tousjours à ce desir, & la trauersoit en ce dessein par vne auctorité paternelle si absoluë qu'elle auoit quelque image de tyrannie. La mort de Seuerin n'escarta que pour vn temps ceux qui la regardoient des deux yeux de l'interest & de l'Amour, cette fille estant tousiours ferme comme vn rocher parmy les vagues de tant d'importunitez. Durant ce temps auint la recherche qu'Hildegarde fit d'elle pour son fils, & la responce que luy fit Campidoine, ainsi que nous auons auancé. Ce vieux Seigneur pressoit ce mariage porté du double desir, & de voir sa fille mariée à vn party si aduantageux qu'estoit Timolas, & de posseder Hildegarde dont il estoit picqué. Ce fut en cette Occurrence qu'Anastasie crût qu'il luy falloit ceder, & rendre les armes à la volonté de son pere. Ce n'estoit pas neantmoins sans se plaindre à sa Cousine de la violence qui luy estoit faite, & sans luy demander son aduis sur ce qu'elle deuoit faire pour éuiter ce coup fatal à sa resolution. Hildegarde d'autre costé pressoit Timolas à cette alliance, non tant pour le desir qu'elle eust d'estre à Campidoine dont elle redoutoit l'empire, que pour se voir renaistre en la lignée qu'elle esperoit de ce fils vnique, comme aussi pour le destourner de ces violens exercices de la chasse où il se ruinoit le corps, & l'attacher en sorte auprés d'elle qu'il ne pensast plus à faire des voyages. Encore que l'inclination de Timolas jointe à son incommodité éloignassent fort ses desirs du mariage, toutefois les larmes, les prieres & les persuasions de sa mere, qu'il honoroit parfaictement & qu'il cherissoit tendremét, émeut tant de pouuoir sur luy que de le faire entendre à la recherche d'Anastasie, s'il faut appeller du nom de recherche le dessein qu'il auoit de dissuader à cette fille de le prendre pour mary en luy découurant de bonne foy ses infirmitez. Il ne cela cette pensée non plus qu'aucune autre à son cher Filene, le priant de l'aider en cela en le descriant auprés d'Anastasie le plus qu'il pourroit. Filene qui se fust battu auecque tout autre qui eust dit du mal de son Amy, se vit obligé par luy-mesme à en dire, ce qui n'estoit pas sans se faire de la violence. Ils vont donc ensemble chez Anastasie où ils sont receus si differemment du pere & de la fille, qu'il sembloit que celle-cy eust entrepris de ruiner par ses froideurs & ses dédains les fauorables receptions de l'autre. Campidoine picqué pour Hildegarde faisoit à Timolas des caresses, des complimens & des accueils si remplis de courtoisie qu'il n'y auoit rien de plus obligeant; & au rebours Anastasie comme si elle eust esté de glace ne correspondoit aucunement aux ciuilitez de Timolas. Elle ne luy celoit point qu'elle estimoit son merite, mais qu'elle auoit vne telle auersion des nopçes qu'aussi-tost qu'on luy parloit d'vn homme pour l'espouser elle n'y trouuoit plus rien de prisable. C'estoit-là vne bonne disposition pour le dessein de Timolas, qui ne manquoit pas d'en faire le rapport à sa mere. Ce fils eust bien voulu qu'elle se fust mariée sans luy, & il fauorisoit auprés d'elle Campidoine autant qu'il pouuoit, mais Hildegarde qui ne vouloit entendre au mariage du vieillard que pour l'auançement de son fils rejettoit l'vn sans l'autre, Timolas croyoit qu'il y eust de la feinte en ce discours, & que sous ce voile Hildegarde celast modestement & prudemment le secret desir qu'elle pouuoit auoir d'estre femme de Campidoine. Filene dans les entremises qu'il fit pour Timolas auprés d'Anastasie n'estoit pas mal receu, & si cette fille eust eu tant soit peu d'affection pour Timolas elle eust sans doute blasmé Filene, le plus parfaict Amy qui fut iamais, de trahison & de perfidie. Il estoit crû quand il parloit au desauantage de Timolas, parce que les filles se persuadent aisément du mal des hommes qu'elles ne veulent pas. Parmy cela ce feu subtil, qui se glisse imperceptiblemét dans les cœurs les moins sensibles, se mit de la partie, & Filene auoit des qualitez en sa personne si dignes d'estre aimées, que si Anastasie n'eust point esté préoccupée de longue main de l'horreur des nopçes sans doute il eust fait des impressions sur cet esprit. L'eau caue la pierre petit à petit, cette gracieuse forme, cette douce conuersation, ces discours bien arrangez, cette mine gentille, cette subtile accortise gaignerent pied dans ce courage, & quelque resistance qu'elle fist à ces suaues efforts elle auoüoit en elle-mesme que si elle eust eu à se rendre aux vœux de quelque Amant ç'eust esté à ceux de Filene. Il n'estoit point si peu rusé qu'il ne s'aduisast bien qu'il auoit mis de l'alteration dedans cet esprit dédaigneux, & que pour luy il y auoit plus d'estime que de mespris. L'accez facile qu'il y auoit, le bon accueil qu'on luy faisoit, les propos qu'on luy tenoit, les regards & les contenances qui sont les fenestres par où l'ame se voit au dedans luy en apprenoient assez. En cette dangereuse contagion il est mal-aisé de ne prendre pas le mal que l'on donne, & de faire des impressions sans en receuoir: Que l'objet aimé ne se change en vn sujet aimant il est bien difficile. Il est vray que ce qui empeschoit Anastasie de suiure la pointe de ce nouueau desir c'estoit l'impossibilité de le voir reüssir, parce qu'il ne falloit pas espe-rer que son pere la donnast à vn party si desauantageux que Filene, ny mesme qu'il laissast échaper Timolas estât si fort passionné d'Hildegarde. Elle ne pût pas neantmoins s'empescher de faire paroistre tant de marques de sa bien-veillance à Filene qu'il se laissa aller à cette flatteuse esperance de la conquerir, s'il estoit en cela autant appuyé de Timolas que fauorisé d'Anastasie. Où est-ce que le vent de l'ambition n'éleue pas vn esprit. Il communique ce dessein à Timolas, qui eust plustost desiré cette fille pour son Amy que pour luy-mesme, mais comme faire pour paruenir à ce but, c'est à quoy

HISTOIRE II. 273
toutes leurs visées se trópent. S'ils découurent cette meche adieu l'alliance de Campidoine & d'Hildegarde, adieu l'accez auprés d'Anastasie, Campidoine & Hildegarde tourneront toute leur colere sur Filene comme ayant trahy Timolas, encore qu'il l'eust seruy selon son desir & par son commandement, & puis dequoy seruira le consentement de la fille si le pere y repugne. Campidoine est Seigneur de marque, c'est vr grand ennemy sur les bras de Filene, qui mesme ne seroit plus supporté par Hildegarde dans sa maison croyant

qu'il eust traversé l'auançement de son fils. Tandis qu'ils sont en vne confusion de pensées voicy vn autre embarras qui la va augmenter. Orgille cousine d'Anastasie & dépositrice de ses secrets, ayant apris sa nouuelle émotion pour Filene, prit de là le courage de hausser ses yeux vers Timolas qui estoit vn party desirable pour beaucoup de considerations, mais principalement en cette fille qui auoit le cœur haut souhaittable pour la grandeur où elle visoit. Il n'y a si chetif visage qui ne s'imagine auoir encore quelque trait capable d'vne conqueste, elle commence auecque des soings merueilleux à s'attacher d'vn long art tous les affiquets capables de cacher ses défauts, & d'adjouster de l'aduantage à ce qu'elle auoit de moins méprisable. En cet équipage elle se met à cajoler Timolas, qui plus froid & plus ennemy des femmes que ne fut iamais Hyppolite, n'eust pas esté émeu par la plus rauissante de toutes les beautez. Comme il estoit accort il s'apperçeut de cette impertinence, dont il se mocqua en particulier auec Filene & ils s'en donnerent vn passe-temps fort agreable. Cependant elle continuoit en cette belle humeur, Timolas prenant ce plaisir malicieux de l'y entretenir, & la mettant exprés dans des esperances qui haussoient sa teste & sa vanité iusques aux nuées. Qu'arriuatil de cette bigarreure d'affections, la plus estrange extrauagance que l'on puisse imaginer; ainsi le feu de l'Amour aussi bien que celuy du tonnerre produit des effets extraordinaires, & cette passion ennemie de la raison en renuerse tellement les fonctions qu'elle n'est iamais plus accomplie que quand

HISTOIRE II. 277

elle s'en éloigne dauantage. Si vous auez iamais pris plaisir à considerer ceux qui ioüent à l'aueugle, ceux qui se veulent approcher s'écartent, & ceux qui veulent fuyr se iettent inconsiderément entre les bras de ceux qu'ils veulent éuiter, ne sçachans tous ce qu'ils font parce qu'ils ont les yeux bandez : representez-vous nos quatre personnages dans le mesme exercice, & considerez les semblables à Penelope dont l'occupation estoit de défaire la nuict l'ouurage qu'elle tissoit durant le iour. C'estoit le cordier de l'embléme dont l'asne rongeoit la corde à mesure qu'il la retordoit. Timolas pour contenter Hildegarde recherchoit Anastasie en apparence, & ne l'entretenant que de mines il luy faisoit declarer par Filene la verité de ses intentions & de ses défauts ; Anastasie disoit le mesme à Filene, & en luy declarant le dessein qu'elle auoit dés sa plus tendre ieunesse d'estre Religieuse & l'extrême auersion qu'elle auoit du mariage, le prioit de faire en sorte vers Timolas qu'il ne l'espousast point : Ce discours plaisoit & déplaisoit en mesme temps à Filene, il luy estoit

HISTOIRE II. 279

agreable en ce qu'il voyoit Anastasie éloignée de l'affection de Timolas, & il luy estoit déplaisant en ce que cette repugnance de mariage luy tranchoit toutes ses esperances. Cela luy humoit le vent de la bouche, & luy ostoit tout moyen de descouurir à Anastasie la prétension qu'il eust eu pour elle si il eust rencontré tant soit peu de correspondance. Anastasie de son costé bien que ferme dans le donjon de sa franchise estoit émeuë quant aux sens, & sans vne extrême contrainte ne se pouuoit empescher de témoigner à

Filene que son humeur auoit de l'inclination à luy vouloir du bien, encore que ce regard ne fust pas déterminé à cause de l'impossibilité qu'elle voyoit à l'execution. Peut-estre si elle eust esté maistresse de ses desirs se fust-elle resoluë, mais elle estoit en la sujetion d'vn pere naturellement imperieux & interessé de qui elle ne pouuoit esperer aucune condescendance. Si bien que par ses discours, qui sortoient d'vn esprit balancé dans la suspension, elle sembloit appeller à soy Filene en le rejettant, & le rebutter en l'attirant. Que fit Filene, il remarqua l'extreme confiance qu'Anastasie auoit en Orgille, de qui par les contenances il n'ignoroit pas les prétensions pour Timolas, il crût qu'il se pourroit seruir de cette fille en la façon que le singe se sert de la patte du chien pour toucher à des charbons qu'il n'oseroit manier. Par elle il delibere de sonder le courage d'Anastasie en luy promettant de luy estre officieux enuers Timolas, mais comme il auoit desja tourné ces bons offices en mocqueries, les passions de cette fille estans le sujet de ses risées auecque Timolas, il luy arriuera comme à l'oyseau qui fait la glus où luy-mesme se prend. Sans déployer plus ouuertement l'artifice dont il se seruit pour se rendre Orgille fauorable, c'est assez que ie die que la promesse qu'il luy fit de luy acquerir les affections de Timolas luy ouurit le cœur & luy desserra la bouche, elle monstra en effet qu'elle estoit fille & qu'elle estoit aussi capable de contenir vn secret, que le tonneau perçé des Danaides de retenir la liqueur que l'on y verse. Si Anastasie ne luy celoit point ses pensées pour Filene, elle les luy déceloit

loit aussi-tost, & Filene plus par artifice & pour arriuer à son but que par malice noire, luy faisoit croire qu'il l'insinuoit peu à peu aux bonnes graces de Timolas. Mais pour ne nous amuser pas plus long-temps à l'embroüillement de ces fusées, tout cela ne fut qu'vne toile d'araigne que le premier vent dissipa en lambeaux, & de legers filets incapables de soustenir l'effort d'vne tempeste. Campidoine impatient en son Amour pour Hildegarde, la presse de faire resoudre son fils qui forgeoit tous les iours mille delais pour esquiuer ces nopçes qu'il ne desiroit pas, ce pere se promet de faire que sa fille passera outre malgré toutes ses resistances, Hildegarde engagée de parole & souhaittant passionnément de voir Timolas marié le conjure de se déterminer, il la prie de luy donner du temps, luy represente son incommodité qu'elle n'ignore pas, & s'en dit plus trauaillé qu'il n'estoit, supplie sa mere de contenter les iustes affections de Campidoine & de se marier auecque-luy, esperant si ce mariage se faisoit sans le sien que Campidoine ne seroit pas si pressé de marier sa fille & qu'il le laisseroit en repos, mais il ne pût iamais persuader cecy à Hildegarde, qui iugeoit bien, prudente qu'elle estoit, qu'il ne desiroit de la voir engagée au mariage de Campidoine que pour éuiter ce joug qu'il fuyoit autant qu'il luy estoit possible : En fin & Campidoine d'vn costé & Hildegarde de l'autre serrerent de si prés Timolas, en luy donnant vn certain temps pour se resoudre, qu'il estima que le dernier remede estoit de declarer franchement son infirmité à Anastasie afin de l'obliger à le refuser, & que ce refus venant d'elle il se pust excuser vers Hildegarde & se deliurer de reproche. Il n'y manqua pas, mais tant s'en faut qu'il rencontrast en Anastasie ce qu'il auoit pensé, qu'au contraire apres auoir appris de cette fille le desir qu'elle auoit d'estre toute sa vie dans la continence, elle luy dit que si elle auoit à estre mariée par contrainte elle croyoit que le Ciel luy enuoyoit vn homme indisposé de la sorte auecqui elle pourroit viure, s'il l'auoit agreable, en perpetuelle chasteté, & conseruer la fleur de sa virginité sous la fueille & l'ombre du mariage. Timolas admira cette resolution, & ouurant les yeux sur la pureté & les merites d'Anastasie crût que s'il auoit à estre attaché à vne femme il n'en pouuoit trouuer au monde aucune plus conforme à ses desirs, parce qu'il seroit marié comme ne l'estant point, viuant auec elle comme auec vne sœur plustost qu'auec vne espouse. Là dessus il luy iura que si elle le vouloit receuoir pour mary de la façon qu'il estoit il n'attenteroit iamais à son integrité, & qu'apres la mort de Campidoine & d'Hildegarde il consentiroit toufiours qu'elle fe fift Religieufe. Alors Anaftafie éclairée d'vn rayon celefte, ie veux dire d'vne particuliere infpiration, reconnut que Dieu luy enuoyoit ce party pour la conduire par vne voye admirable au poinct de fes prétenfions, & auffi-toft difparurent de fon efprit toutes ces illufions amoureufes dont la bonne grace de Filene auoit charmé fes fens. Elle prit donc cette occafion aux cheueux, & conjurant Timolas de luy tenir fa parole elle luy promit d'eftre fa compagne, de l'aimer comme fon frere, de luy obeïr comme fi elle eftoit fon espouse, le suppliant qu'il fust plustost le gardien que le destructeur de son integrité qu'elle commettoit à sa protection : Que desormais il la deuoit regarder comme vn vaisseau sacré, & se souuenir de la menace que fit saincte Cecile à Valerian son espoux s'il attentoit de luy rauir la fleur de sa virginité qu'elle auoit consacrée par vœu à l'Espoux celeste, & qu'elle auoit aussi bien que cette Saincte vn Ange Gardien jaloux de sa pureté, & qui de mesme attentat pourroit prendre pareille vengeance. Timolas admirant la sagesse & la beauté de l'esprit d'Anastasie crût qu'il ne pouuoit mieux faire que de couler vne partie de ses iours auecque cette perle d'honneur & de vertu, & luy iurant de nouueau de viure auec elle en continence ils resolurent de contracter vn mariage tout virginal. Dés ce temps-là leur amitié ayant pris vn estat de subsistance demeura en sa perfection, & pour témoignage d'vne entiere confiance ils ne se cacherent pas les moindres pensées puis qu'ils s'estoient declaré l'vn à l'autre les plus importantes. Que ferons-nous, dit Timolas, de Filene &

d'Orgille, & que diront-ils quand ils sçauront que tout à coup nous auons changé d'humeur & de deſſein. Nous alleguerons, reprit Anaſtaſie, la force de nos parens, qui peut ſeruir à des eſprits raiſonnables d'excuſe legitime: Et nous leur proteſterons qu'il ne tiendroit pas à nous que les alliances qu'ils ſouhaittent ne reüſſiſſent ſelon leurs deſirs, mais qu'il faut ſuiure le courant du vaiſſeau puiſque nous ne pouuons eſtre maiſtres des vents & de l'orage. Cependant ie vous ſupplie que nous leur celions noſtre continence, & quelque côfiance que nous ayons en leur fidelité que l'amitié que nous leur portons ne leur tire point ce secret de nos bouches, de peur que par fragilité pluſtoſt que par malice ils ne vinſſent à l'éuenter, ce qui ne pourroit eſtre ſans appreſter beaucoup à parler au monde. C'eſt aſſez que nous ayons Dieu ſeul pour témoin de noſtre chaſteté, afin que celuy-là ſeul en ſoit la recompenſe qui en ſera le ſpectateur, & pour l'amour de qui nous pratiquerons celle de toutes les vertus qui luy plaiſt dauantage. Ce propos, accompagné d'vne incomparable modestie, fut extremement agreable à Timolas, qui adora en son cœur la diuine Prouidence qui luy auoit fait rencontrer en la personne d'Anastasie vne fille toute Angelique. Ils firent ainsi qu'ils auoient proposé, & Timolas se rendant aux prieres d'Hildegarde & Anastasie aux commandemens de Campidoine le iour fut pris pour faire les deux mariages: car Hildegarde ne vouloit point espouser Campidoine qu'au mesme temps que Timolas espouseroit Anastasie. Les arbres qui n'ont pas encore pris de fortes racines en la terre se peuuent facilement arracher, les naissantes affections d'Orgille pour Timolas, & de Filene pour Anastasie, n'estoient pas encore passées pour des habitudes inueterées & leurs playes n'estoient pas incurables, par cette resolution soudaine voilà tous leurs projets au vent: Ils n'oserent pas en former beaucoup de plaintes, seulement Filene s'estonna de la précipitation de Timolas qui luy auoit auparauant témoigné tant de repugnance, & Orgille comme plus imbecille ne pût celer à sa Cousine le regret qu'elle auoit de perdre l'espoir qu'elle auoit conçeu de Timolas, & de la voir mariée contre son gré. Que ferois-ie à cela, reprit Anastasie, il faut suiure sa destinée, & puisque ie ne puis disposer de moy-mesme il faut que ie me laisse aller à l'obeissance, Dieu sçait mes intentions, ie croy qu'il aura mes desirs agreables ne luy ayant pû rendre les effets conformes à mes pensées. Mais ie serois bien consolée en ma desolation si ie vous voyois pourueuë à Filene, il me semble que c'est vn Gentil-homme quant à sa personne autant & plus desirable que Timolas dont vous sçauez l'infirmité, vos moyens sont assez conformes, & puisque cette égalité de fortunes est auiourd'huy la reigle des mariages il me semble que vous feriez bien d'y penser. Encore qu'Orgille eust pris sa visée plus haut & qu'il luy faschast de r'abbatre sa pointe tout à coup, si est-ce que le commun desir qu'ont les filles d'estre mariées & les merites de Filene firent incliner cette fille à penser à luy, veu mesme qu'elle sçauoit que Timolas l'aimoit comme son frere & Hildegarde comme son fils, & que sa Cousine luy promettoit que Timolas & elle leur feroient part de leur fortune. Ce fut Timolas qui de son costé trauailla dauantage à persuader à Filene qu'il espousast cette fille, car outre qu'il ne pouuoit pas arracher aisément de son cœur l'espine qui l'auoit picqué pour Anastasie, de qui il s'estoit promis la bien-veillance & en suitte la possession, il luy estoit mal-aisé d'esteindre si promptement des flammes si viues & d'en allumer de nouuelles dans son ame, & les allumer pour vn sujet qui n'auoit rien de recommandable que sa vertu & dont la grace exte-

rieure n'estoit pas capable dé-
mouuoir beaucoup les sentimens. Neantmoins quand il
eut donné le loisir à son iugement d'accoiser la passion
qui l'auoit mis en desordre,
il reconnut que c'estoit son
bien de suiure le conseil de
Timolas qui luy promettoit
de l'auancer s'il se portoit à
cette alliance & par des raisons qu'il sçauroit auecque le
temps. S'estant rendu aux
volontez de Timolas qu'il
tenoit pour le pilote de sa fortune, Timolas fit pour luy,
du consentement de Damon
pere de Filene, la demande
d'Orgille à Campidoine qui

estima sa niepce honorée de l'alliance de ce Gentil-homme, & promet de luy faire vn auantage tel qu'il auroit occasion de se loüer de son amitié & de connoistre combien Orgille luy estoit chere. Ainsi ces trois mariages se firent en mesme temps, & Anastasie fut donnée à Timolas qui la mena en sa maison lors qu'Hildegarde la quittoit pour passer en celle de Campidoine: Où Orgille demeura aussi auecque Filene qui y fut receu non comme nepueu mais comme enfant. Ayant vne humeur pleine de complaisance & vne conuersation charmante il ne faut pas demander s'il gaigna auſſi-toſt le cœur de ſa nouuelle eſpouſe, qui connut bien que ſi elle auoit perdu au change quant aux biens elle auoit gaigné en la poſſeſſion de la perſonne. Et bien qu'elle n'euſt pas de trop grands attraits en ſon viſage pour donner beaucoup d'amour à Filene, neantmoins comme la vieilleſſe n'eſt iamais tout à fait belle la ieuneſſe n'eſt iamais entierement laide, & puis elle recompenſoit ces manquemens par vne ſi bonne nourriture & vne vertu ſi exacte qu'elle eſtoit d'autant meilleure pour femme qu'elle l'estoit moins pour maistresse. Il se mit aussi tellement aux bonnes graces de Campidoine qu'il l'employoit au maniement de son bien & en la conduite de ses plus importantes affaires, tandis qu'Orgille soulageoit Hildegarde dans le soin du mesnage & le tracas de la famille. Filene contracta aussi vne estroitte amitié auec Orson fils de Campidoine & frere d'Anastasie, & bien qu'elle n'arriuast pas à égaler celle qui estoit entre luy & Timolas, elle estoit telle neantmoins qu'Orson le traittoit pluftoft en frere qu'en coufin & auoit vn extrême contentement en fa compagnie. Tandis que l'on viuoit de la forte en la maifon de Campidoine & que l'Amour faifoit refleurir la vieilleffe de ce bon Seigneur, vne autre forte d'Amour toute faincte, toute diuine, toute Angelique regnoit en celle de Timolas, qui pratiquoit auecque fa fœur fon efpoufe vne pure continence au milieu de toutes les libertez que le mariage luy pouuoit donner. Vrayment Anaftafie auoit rencontré vn homme tel qu'elle defiroit, vrayment

Timolas auoit trouué vne femme comme il souhaittoit, si bien que leur mariage virginal estoit vn joug suaue, vn fardeau leger, & vne vnion toute de roses sans espines. L'histoire fournit assez d'exemples de personnes de toute sorte de qualitez qui ont obserué vne inuiolable integrité sous le voile des nopçes, en quoy certes elles sont dignes d'autant d'admiration que ces trois Enfans qui dans la fournaise de Babylone furent r'affraischis par vne douce rosée au milieu des flammes, il est vray que ce miracle estoit tout de Dieu, mais en cet autre il y auoit de la cooperation à la grace. Timolas continua en ses exercices violens, & se leuant de grand matin d'auprés de son Aurore quittoit les delices de Iunon maritale pour ceux de la chaste Deeise qui préside aux forests. Tandis qu'il estoit parmy ces solitudes, la vertueuse Anastasie leuoit ses mains pures & son cœur vers le Ciel en des exercices de pieté qui deuoient estre bien agreables à cet Espoux qui est la couronne des Vierges. Cette heroïque chasteté comme vne violette de Mars se conseruoit à l'ombre du silence

& sous le manteau d'Hymen. Timolas qui ne pouuoit viure sans Filene l'auoit ordinairement en sa maison, où il luy donnoit autant de puissance qu'il en auoit en celle de Campidoine. Il luy promit s'il n'auoit point d'enfans de luy faire vne grande part en son heritage, & vous pouuez iuger que viuant de la sorte que nous auons dite il n'estoit pas pour en auoir. Anastasie promit le mesme à Orgille. Et pour des marques de cette bonne volonté, Timolas aida à Damon en consideration de Filene son fils à pouruoir ses filles & ses autres enfans,

& ce qui acheua de mettre la fortune de Filene au deſſus de ſes eſperances, ce fut la mort d'Orſon fils vnique de Campidoine qu'vne fiéure ardante emporta du monde en moins de quinze iours. Le regret de cette perte fut ſi ſenſible à ce bon homme deſ-jà chargé d'années qu'il tint dans peu compagnie à ſon fils & fut mis dans le meſme cercueil. Il fit beaucoup de bien en mourant à Filene & à Orgille qui auoient deſ-jà de beaux enfans, & de plus il recommanda à Anaſtaſie ſon heritiere vniuerſelle qu'elle ſe ſouuint de faire du bien à ſa Couſine

Cousine & à Filene autant qu'elle pourroit. L'âge de là à quelque temps fit rendre le mesme tribut à Hildegarde, de qui les yeux ne furent pas pluſtoſt clos du dernier sommeil qu'Anaſtaſie commença en ſon cœur à crier liberté liberté, & à dire à Dieu: O Seigneur vous auez rompu mes liens, il eſt téps que ie vous ſacrifie vne hoſtie de loüange & que j'inuocque voſtre Sainct. Il eſt temps que ie vous rende mes vœux à la veuë de tout le monde & que ie faſſe profeſſion ouuerte d'eſtre voſtre eſpouſe. Elle en parla à Timolas qui ne reſiſta point à

O

cette separation, quelque regret qu'il eust d'estre priué de la compagnie de cette vierge Angelique, dont le bon exemple le tenoit en la crainte & en l'Amour de Dieu: Car à dire la verité il viuoit deuant elle comme en la presence de son Ange Gardien, & il n'eust osé pour le respect qu'il portoit à son eminente vertu dire ny faire rien d'indecent. Il fallut donc que la lampe sortist de dessous le boisseau, & que cette vierge la prenant à la main fust mise au nombre des Sages qui attendent pour entrer aux nopces de l'Agneau celeste. Voilà donc la belle Anastasie qui du consentement de son mary se prepare d'entrer en Religion, & d'enrichir vn Cloistre autant du tresor de ses incomparables vertus que de celuy de ses grands biens. Dans la licence qui en fut demandée au sainct Siege il fallut exposer tout ce que nous auons dit de leur mariage forcé & de leur continence maritale, c'est ainsi que ce secret est venu en la connoissance des hommes veu qu'il est mal-aisé que la lumiere se cache. Elle fit trois parts de ses biens, elle en laissa le tiers à ceux que la nature appelloit à sa succession, pour oster les murmures, les plaintes & les mécontentemens, l'autre elle le donna à Orgille & à Filene, & de l'autre elle en fit present au Monastere où elle se consacra à Dieu. Quant à Timolas, son infirmité l'ayant reduit à vn tel poinct qu'il ne pouuoit plus faire d'exercices violens sans alterer beaucoup sa santé, il se rendit à l'ordonnance des Medecins qui luy commanda le repos. Pour mener donc vne vie moins turbulente il se resolut de reprendre l'estat Ecclesiastique à quoy il auoit esté dedié dés sa plus tendre enfance, & ne se sentant pas assez robuste pour embrasser l'austerité d'vn ordre Religieux, il se resolut de se faire Prestre & de mener dans vn sejour champestre vne vie comme Religieuse & toute deuote. Comme il auoit vn grand patrimoine il ne voulut iamais se charger des biens d'Eglise, ny mesme receuoir la resignation que luy voulut faire Adalbert des benefices qu'il luy auoit remis; Il appella auprés de soy de sçauans & deuots Ecclesiastiques, coulant en leur compagnie & conuersation vne vie fort douce & tranquile. Il estoit le pere des pauures, & des Religieux qui sont les pauures Euangeliques & les plus excellens de tous les pauures puis qu'ils ont tout quitté pour suiure en ce dénuëment la nuë pauureté du Sauueur. Il les receuoit en sa maison qui leur estoit ouuerte comme vn hospice, & comme vn azile il les aidoit en leurs necessitez, & cherissoit infiniment leurs vertus exemplaires. L'Oraison, l'Aumosne & le Ieusne estoient ses exercices ordinaires, la lecture spirituelle son plus doux entretien, en somme il estoit tousjours occupé en de bonnes œuures pour ne paroiſtre vn iour les mains vuides deuant Dieu & n'eſtre trouué leger à la balançe. Apres auoir mené vne vie également heureuſe & ſuaue que iuſte & ſaincte, ſentant approcher ſa fin, qui préceda de beaucoup d'années celle d'Anaſtaſie, il diſpoſa de ſes biens à l'exemple de cette ſage Veſtale, laiſſant la troiſiéme partie aux pauures, l'autre à Filene ſon cher Amy, l'autre à ſes heritiers ſelon le parentage : & puis en paix il s'endormit & repoſa en Dieu. Cette Hiſtoire eſt-elle deuant nos yeux diuerſes choſes remarquables, par tout on y voit reluire la main de la Prouidence conduisant les siens à vne fin glorieuse & desirable par des voyes non moins admirables qu'amiables. Et comme cette sçauante & maistresse main sçait de telle sorte temperer les qualitez contraires des Elemens que de leur reglement il en compose l'harmonie de l'Vniuers, aussi sçait-elle si bien conduire les differentes humeurs des personnes que des discordances il en fait des accords, qui se peuuent appeller des Accords Discordans, ainsi qu'il paroist en Timolas & Anastasie qu'il vnit par le mariage encore qu'ils eussent vne extrême auersion de ce joug: Et aussi Filene auec Orgille encore que ces deux personnes n'eussent au commencement aucune inclination l'vne pour l'autre. Aussi fust-ce la raison & non la passion qui fut le fondement de ces deux mariages qui eurent des issuës si differentes. S'ils eussent succedé selon les intentions de Filene & d'Orgille tous ces beaux euenemens eussent esté troublez, & nous n'aurions pas en Timolas & Anastasie vn si rare exemple de continence maritale. Il y a vn autre enseignement que nous presente cette Histoire en nous apprenant que l'vnion des cœurs fait vn vray mariage, celle des corps n'estant pas capable de parfaire ce sacré lien sans celuy des volontez, à raison dequoy nous pouuons croire qu'il y a eu vn vray Hymen entre Timolas & Anastasie encore que l'integrité des corps y ait esté conseruée. Vne autre admiration de la Prouidence, c'est qu'elle ait donné la virginité comme en depost au mariage qui luy semble estre si contraire, miracle non moindre que celuy qui conserua Daniel entier dans la gueule des Lyons. Au reste qui n'admirera en Timolas & en Anastasie l'obeissance filiale, & qui ne voit reluire la benediction de Dieu sur cette obeissance, puis qu'en soumettant leurs repugnances aux volontez de leurs parens ils trouuent l'effet de cette diuine promesse, que Dieu fera la volonté de ceux qui le craignent. Qui ne se rira des folles prétensions de Filene sur Anastasie & d'Orgille sur Timolas, & qui ne remarquera que Dieu dissipe les friuoles & vaines pensées de ceux qui s'éleuent au dessus de leur propre condition,

& perd la vanité de leurs conseils. Aux biens que Timolas & Anastasie firent à Filene & à Orgille qui ne voit la reconnoissance d'vne vraye & solide amitié dont les fruicts meurissent tost ou tard, & ne se perdent iamais dans l'ingratitude. A la fin Dieu fit cette grace en son temps à Anastasie de la mettre dans la perfection de l'estat Religieux pour l'y seruir en saincteté & en iustice tous les iours de sa vie, & à Timolas de le faire resoudre à finir dans vne condition où on l'auoit destiné dés le commencement de sa vie : Condition qui

qui luy fit mener vne vie Religieuse dans le siecle comme pour recompense de la continence qu'il auoit obseruée dedans le mariage. O Dieu que ceux-là sont sages qui se laissent doucement aller à vostre conduite. Bien-heureux celuy que vous auez choisi & receu à vostre seruice, car il habitera dans vos tabernacles & au temps & en l'éternité. Faites-nous part, ô Seigneur, comme à vos Esleus de vos voyes & de vos misericordes éternelles.

F I N.

www.ingramcontent.com/pod-product-compliance
Lightning Source LLC
Chambersburg PA
CBHW060407170426
43199CB00013B/2035